U0616985

美国大学技术转移简介

Introduction to University Technology Transfer in the US

卜昕　邓婷　张兰兰　邹甜甜　编著

西安电子科技大学出版社

内 容 简 介

　　本书为对技术转移话题感兴趣的和从事相关工作的读者们提供了全面了解美国大学技术转移的窗口。

　　本书从介绍大学技术转移的定义、过程，知识产权保护的概念、种类、历史和意义等技术转移的基本知识写起，详细讲述了《拜杜法案》和它在促进美国大学技术转移产生根本变革中的作用和深远影响。美国大学技术转移模式起源于 20世纪二三十年代，经历了三个发展阶段。威斯康星大学的 WARF 模式、麻省理工学院的第三方模式和斯坦福大学的 OTL 模式为三个阶段的代表，其中 OTL（技术许可办公室）模式效果最佳，为目前最普遍采用的模式。美国大学技术转移流程中的主要步骤、工作重点和重要合同条款的内容，为读者提供了从事技术转移实际工作中的有效指导。大学技术转移市场营销部分则从内部知识产权市场营销和专利外部营销两部分对市场营销进行了阐述，并指出了营销工作所面临的一些挑战。最后，本书为读者们整理了美国技术转移的相关文件，分享了成功的技术转移案例，详细介绍了《美国技术转移经理人手册》的基本内容和美国大学技术转移经理人协会。

　　书中每章内容既自成一体又相互有机联系，读者可根据需要选取感兴趣的章节阅读，也可通过阅读全书来系统学习美国大学技术转移各个环节的内容。

序

　　党的十八大、十八届三中全会提出要实施创新驱动发展战略，深化科技体制改革，并明确提出要发展技术市场，健全技术转移机制，健全技术创新市场导向机制。习近平总书记最近在中央财经领导小组第七次会议研究实施创新驱动发展战略时还特别强调要扩大开放，坚持"引进来"和"走出去"相结合，积极融入全球创新网络，全方位加强国际合作。在创新全球化时代，必须将创新作为推动一个国家、一个民族向前发展的重要力量，积极整合利用国际创新资源，吸收借鉴国际上先进的经验和做法，发挥市场在资源配置中的决定性作用，推动经济持续健康发展。

　　众所周知，美国是一个创新型国家，2012 年度美国政府资助基础研究和开发的经费达 310 亿美元，美国大学和学院获得 157 亿美元，占 50.6%。其中，5 大联邦部门提供了 155 亿美元给大学和学院：美国卫生和人类服务部资助 92 亿美元；国家科学基金资助 38 亿美元；国防部资助 12 亿美元；能源部资助 7 亿美元；美国太空总署资助 6 亿美元。政府资助的大学研究人员的科研成果通过申请专利获得保护，其知识产权属于学校，通过学校技术转移中心的技术经理人将专利转让、授权给企业或投资人，一旦获利，学校、院系和研发团队三方按规定的比例分成。大学技术转移中心和技术经理人是大学技术转移的主推手。

　　大致在同一时期，也就是 20 世纪 80 年代，国务院决定开放技术市场，开启了中国的技术转移工作。经过 30 年发展，我国技术转移在制度、组织、机制等方面都取得了显著成绩，初步建立起较为完善的中国技术转移体系，有效推动了我国高新技术产业化发展进程，支撑了经济社会持续健康发展。今年适逢开放技术市场 30 周年，也是全面深化改革的关键之年。面临新形势、新要求，我国技术转移工作仍需要积极借鉴发达国家经验和模式，进一步优化功能结构，提高服务效能，推进市场化、国际化水平，仍需要下大力气破除制度障碍，健全体制机制，让全社会创新创业的活力竞相迸发，让科技创新驱动中国经济向前迈进，在知识经济时代中赢得竞争优势。

《美国大学技术转移简介》一书系统全面地介绍了美国大学技术转移的产生过程和发展现状，特别是对美国大学技术转移的先进经验和模式进行了深入阐述。文中提到的一些内容都值得我们研究。

技术转移包括技术成果、信息、能力的转让、移植、吸收、交流和推广普及。其目的是使技术得到商业化和更进一步的发展。

美国大学的技术转移组织分为两种：一是学校自己设立技术转移单位从事有关技术转移的工作，二是委托外接研究公司代为经营技术。有些机构则两者并行，除出资设立技术转移办公室外，也同时使用研究公司，把一些特殊而需要专业知识的案件的有关技术转移的事务交给专门的管理公司代为处理。

从 1980 年到 1987 年，美国国会通过了多项法案以促使科研成果商业化，其核心法案是《专利与商标法修正案》（由于该项法案由参议员伯克·拜和罗伯特·杜尔牵头提议，所以又称《拜杜法案》）。《拜杜法案》的核心是将以政府财政资金资助为主的发明的知识产权归属于发明者所在的研究机构，鼓励非营利性机构与企业界合作转化这些科研成果，以促使发明技术在美国的应用。其余还包括 1980 年的《史蒂文森-威德勒技术创新法》，1982 年的《小企业技术创新进步法》，1984 年的《国家合作研究法》，1984 年颁布的《商标明确法案》以及 1986 年颁布的《联邦技术转移法》，1989 年的《国家竞争力技术转移法案》，1996 年通过的《国家技术转移与升级法案》。

本书既具有教科书色彩，也是一本实战宝典，对于从事技术转移相关研究、政府管理和技术转移实践的人员具有很好的借鉴作用和参考价值。

杨跃承
于北京
2014 年 9 月 24 日

前　言

　　记得在范德比尔特大学医学院做博士后期间就听说过学校有"技术转移"的机构，但对它们具体做什么一无所知。后来加盟礼来制药，整天忙于创新药靶点确认及筛选方法的建立，仅知道礼来制药有专门的部门和专业人员负责与美国大学及小型研发公司的沟通与交流，全力以赴为公司寻找好的药物靶点和新的化合物，具体如何寻找、如何谈判、如何签约、如何支付等等，一概不知。

　　2010 年 5 月回陕创业，没有条件开展创新药研发，主要是做仿制药研发，即开发已在国外上市销售，但尚未在国内销售的产品。随着国家药监部门对药物研发质量的重视及研发"门槛"的提高，为了提高公司研发水平、充分利用和发挥国内大学研发资源，开始与北京、西安、沈阳等地高校建立以"项目合作"为主要模式的仿制药研发，为公司开展"产学研"奠定了基础。

　　2011 年 10 月下旬，美国一位朋友陪同美国印第安纳大学技术转移中心（IURTC）总裁 Tony Armstrong 访问西安，我负责接待并安排 Tony 访问陕西中医学院第二附属医院、西安医学院附属医院和西北大学国家微检测中心。Tony 的西安之行，是我第一次真正意义上接触到"美国大学技术转移"，是我第一次初步了解"美国大学技术转移"中心在做什么，为什么美国大学设有这样的机构。

　　2012 年 2 月春节回美，我又专程访问了印第安纳大学技术转移中心，与 Tony 及中心副总裁 Marie Kerbeshian 博士、Jeremy Schieler 博士等技术经理人进行了广泛而深入的沟通与交流，对"美国大学技术转移中心"有了第一次实地考察，为未来双方合作打开了一扇窗户。

　　2012 年 5 月，用陕西省"百人计划"的安家费在西安高新区留创园创建了新的公司，开始了真正意义上的"创业"。公司做什么？如何做？如何充分发挥美国近二十年的"人脉"资源和"创新"资源？5 月份回美，再次访问了印第安纳大学技术转移中心，此次访问带有明确的目的，就是要与他们合作，在国家外专局申报 2013 年引智项目，邀请他们到中国开展"美国大学技术转移"的培训，介绍"美国大学技术转移"给中国高校科研院所、企业、科技服务人员、投资人及政府官员，让中国技术经理人学习和了解美国大学技术转移的先进经验。

2013年10月14日至16日，在陕西省外专局的大力支持下，在西安医学院、兰州大学、陕西中医学院、天津后勤学院、西安交通大学等高校及企业的大力协助下，"美国大学技术转移研修班"顺利举办。研修班特邀印第安纳大学技术转移中心的Marie Kerbeshian博士、Jeremy Schieler博士从"美国大学技术转移概况"、"技术转移与知识产权"、"技术转移的模式"和"技术转移市场开拓"等4个方面，给学员进行了深入浅出的讲解，参会学员第一次有机会了解到"美国大学技术转移"。担任此次研修班的翻译是本书作者之一邹甜甜老师，她一丝不苟、不辞辛苦的长时间翻译博得讲员和学员的高度认可和赞赏。会后笔者就萌生了编写《美国大学技术转移简介》一书的想法，和邹老师沟通之后，她也表示很有必要，也同意作为主要作者。期间，邹老师又邀请其同事邓婷、张兰兰两位老师加盟编写，大大加快了此书的书写进程。

2014年11月，陕西省外专局、西安市科技局和西安高新区管委会作为共同主办方，在西安召开"2014中美大学技术转移暨项目对接会"，其目的就是要进一步与国外交流，推动中国的技术转移。党的十八大提出"创新驱动"，个人理解"创新驱动＝创新＋驱动"，高校科研机构、小型研发企业是"创新"的源泉，是中国创新的主力军，但是如何"驱动"？如何产业化？需要深入思考。技术经理人应该是"驱动"的主力军，是未来中国技术转移的主力军。那么什么是技术经理人？我个人认为，凡是从事技术转移的人均可被称为技术经理人，这是一个非常广义的定义，具体可涵盖五类人员(不分先后)：第一类，专业技术服务人员，比如各个大学、科研院所的科研人员，科研处、成果转化处、技术转移中心、孵化科技园等机构的专业人员；第二类，企业的商务部门（Business Development）专业人员，他们专门为企业在市场尤其是在高校、科研院所、小微研发单位寻找有价值的项目或技术；第三类，投资人，从专利到产品，需要资金的介入，尤其是天使投资人或风投机构，他们在技术转移的早期阶段发挥着重大作用，没有他们，对早期创业者来说举步维艰，随着国内投资生态环境的变化，天使投资人和风险投资机构专业人员会积极参加到技术经理人的行列；第四类，专利代理、专利分析、专利律师等专业科技服务人员，既为发明人服务，也为投资人服务；第五类，政府机关相关人员，他们为技术转移制定方针和制度，保障技术转移的公平、公正性。以上五类人员没有高低贵贱、孰重孰轻，缺一不可。

因水平有限，书中难免有些疏漏，敬请读者多多包涵和包容。希望此书能为"中国大学技术转移"的发展贡献一点点力量。

此书的面世，得到了各位领导、朋友、家人的关心和支持，在此代表作者表示衷心的感谢！还要感谢周正履老师、西安电子科技大学出版社各位编辑和陕西省外专局领导为此书出版做出的努力！

卜　昕

2014 年 9 月于西安

目　　录

第一章 大学技术转移定义

1.1 技术转移的定义

第二次世界大战结束时，美国联合研究开发委员会主席范内瓦·布什向罗斯福总统递交了一份名为《科学——无尽的前沿》的报告，"技术转移"这一概念在这一报告中首次出现。技术转移，又叫做科技成果转化，是指技术从一个组织或机构以某种形式转移到另一个组织或机构。它包括国家之间的技术转移，也包括从技术生成部门(研究机构)向使用部门(企业和商业经营部门)的转移，也可以是使用部门之间的转移。技术转移包括技术成果、信息、能力的转让、移植、吸收、交流和推广普及，其目的是使技术得到商业化和更进一步的发展。

1.2 技术转移的过程

技术转移的过程如下图所示。

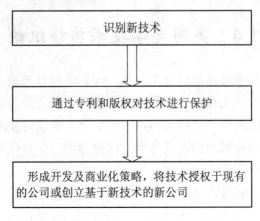

识别新技术

通过专利和版权对技术进行保护

形成开发及商业化策略，将技术授权于现有的公司或创立基于新技术的新公司

1.3 大学技术转移

大学技术转移就是大学通过专利保护和许可等方式把研究成果转移到商业领域的行为。技术转移主要关注的是对于知识产权的商业化使用，而不是它在学术领域的地位或价值。

学术研究机构从事技术转移的原因如下图所示：

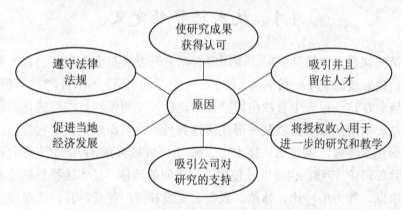

对于上述原因，不同机构的侧重点各不相同，然而技术转移的最终目的都在于服务大众，使他们从进入市场的产品中获益，或者能从产品的研发和销售中得到更多的工作机会。

学术机构对科研成果取得专利权是对研究过程中所进行投资的保护，并能确保其科研成果有机会进入商品市场。

1.4 美国大学技术转移组织

美国大学的技术转移组织分为两种，一是学校自己设立技术转移单位从事有关技术转移的工作，二是委托外界研究公司代为经营技术。有些机构则两者并行，除出资设立技术转移办公室外，也同时使用研究公司，把一些特殊而需要专业知识的案件交给专门的管理公司并代为处理有关技术转移的事务。

在美国，大学通过技术转移机构管理知识产权已经蔚然成风，自斯坦福大学于 1970 年首创"技术许可办公室(Office of Technology Licensing，OTL)"模式在管理知识产权方面取得了骄人的业绩之后，哈佛大学、麻省理工学院、耶鲁大学等排名前 100 位的美国研究型大学，从 20 世纪 80 年代初开始普遍设立技术转移机构，管理和经营知识产权。经过长时间的研究探索，美国大学技术转移机构尝试了不同的运作模式，其中上述的 OTL 模式目前运行最为成功，即由学校出面申请这些发明的专利，再把专利许可给企业界，给学校带来可观的收入。在这种模式中，大学技术转移办公室从学校的教师、职员和学生的手中接受发明披露，专业授权人员对发明披露做出评价，判断是否应该申请专利，当寻找到合适的公司并签订技术许可协议后，还要负责将收取的专利使用费进行合理的分配。自收到发明披露至提出专利申请，全部过程平均历时三个月左右。

1989 年美国联邦政府成立了大学技术转移经理人协会(简称 AUTM)，一方面对大学技术转移机构进行监管，另一方面为大学之间以及大学与企业之间进行技术转移的交流提供平台。美国大学技术转移机构在技术转移方面发挥的作用越来越大，开始在科技和经济的互动发展中扮演重要角色。

在经济模式从以生产为基础转化为以知识为基础的过程中，大学知识产权将会起到越来越重要的作用。美国的许多州正在开发一些项目，旨在通过当地研究性大学的技术转移来促进经济发展。由于学术机构已成为经济发展的聚焦点，此举毫无疑问将会使企业、政府和科研机构之间产生更多更紧密的关系，共创互动和美好的前景。

第二章 美国《拜杜法案》概述

2.1 立法背景

20 世纪 40 年代，美国联合研究开发委员会主席范内瓦·布什在向罗斯福总统递交的《科学——无尽的前沿》的报告中呼吁政府要为基础研究、应用科学和开发提供大量、持续的资金支持，以增加美国工业界所需要的核心知识的积累，从而促进美国经济的发展。这份报告促使美国政府对科学研究的资助大幅度增长，进而成立了国家科学基金会(NSF)和国家卫生研究院(NIH)等以发展科学为主要目的的国家机构。

美国政府刚开始与大学合作时，知识产权的问题很少出现。但随着时间的推移，签订的研究合同越来越多，开始出现知识产权的归属问题。而且，因为那时联邦政府没有采用统一的专利政策，所以每个为大学研究提供资助的政府机构开始制定自己的专利政策和规定。这样，到了 20 世纪六七十年代，大学研究项目在接受政府机构的资金支持时要面对 25 种不同的专利政策。而此时，美国联邦政府下属各机构对大学研究的投入，已成为美国大学研究经费的主要来源，约占 60%。

联邦政府资助下的大学研究产生出许多科研成果，但成果转化效率却很低。究其原因，美国联邦政府的专利政策有三大缺陷：

第一，联邦各机构专利政策不统一；

第二，政府不放弃其资助研发成果的所有权，仅仅将少数成果的所有权下放给研究机构(经过漫长而艰苦的申请程序以后)；

第三，在专利许可的方式上，联邦各机构只能采取非独占性许可方式。

上述缺陷造成两方面不良后果：一方面，作为基础研究主要承担者的大学缺乏技术转移的积极性，因为在发明不属于自己的情况下，专利申请不关大学的事，专利许可就更是无从谈起；另一方面，作为技术转移对象的企业，在许多情况下希望得到独占性的专利许可。

第二次世界大战以后，由于其他发达国家和新兴工业化国家的科技水平不断提高，经济实力不断增强，导致美国产品的国际竞争力大大下降，美国产业界感到了巨大的竞争压力。美国政府、学术界和产业界对此进行了深刻反思，认为美国在全球经济竞争中最大的资源和优势在于科技和人才，显然当时的专利制度已不能适应时代的要求，严重地阻碍了美国的科技创新和国际竞争力。为此，理论界在 20 世纪 70 年代末继续就知识产权的归属问题展开了激烈的辩论，这场辩论的结果是，1980 年 12 月 12 日，美国国会通过了由参议员伯克·拜(Birch Bayh)和罗伯特·杜尔(Robert Dole)提出的《专利与商标法修正案》(Patent and Trademark Amendments of 1980)，也就是《拜杜法案》。1984 年又对此法案进行了修改，后被纳入美国法典第 35 编(《专利法》)第 18 章，标题为"联邦资助所完成发明的专利权"。

2.2 《拜杜法案》主要内容

从 1980 年到 1987 年，美国国会通过了多项法案以促使科研成果商业化，其核心法案是《专利与商标法修正案》，即《拜杜法案》。《拜杜法案》的核心是：将以政府财政资金资助为主的发明的知识产权归属于发明者所在的研究机构，鼓励非营利性机构与企业界合作转化这些科研成果，以促使发明技术在美国的应用。

《拜杜法案》的主要内容摘要如下：

	内 容 摘 要
1	小型企业和非营利机构包括大学有权选择是否持有由联邦政府资助的科研项目成果的所有权(事先约定除外)
2	发明者以书面形式向大学公开其发明后，大学有责任在两个月以内，将这一事实上报给提供资金的联邦政府机构； 大学在向政府机构上报发明之后，不管是否决定持有发明所有权，最后的决定都必须在两年内做出

3	如果大学选择持有科研成果的所有权,就必须在一年内,或者于能在美国获得有效专利保护的任何规定期限之内提出专利申请
4	在大学选择放弃所有权的前提下,在协商的基础上,科研人员可以持有所有权
5	大学可以向第三方转让上述科研成果,取得技术转移收入,允许大学进行独占性专利许可
6	大学必须与科研人员分享技术转移收入,并在扣除必要的费用外,将余额用于科学研究和教育,但未规定发明人具体应得份额
7	政府介入权规定联邦政府留有"介入权",即大学如果未能通过专利许可方式使某项发明商业化,联邦政府将保留决定该项发明由谁来继续商业化的权利。但政府的干预权限仅此而已
8	美国企业和中小企业的优先权:大学要优先选择美国国内制造业和中小企业作为技术转移对象,即该研发成果的商业化进程必须在美国境内发生
9	提供资金的联邦政府机构,对于所有的科研成果持有非独占的、不可转移、不可撤销的无偿使用权,并且在一定条件下可以强制所有权的国有化(如在认定大学没有采取适当措施转化成果或为了公众利益时)
10	有关发明的描述受到法律的保护不向公众扩散

随着《拜杜法案》在促进政府资助研发成果商业化过程中的作用迅速显现,联邦政府开始着手制定完善《拜杜法案》的相关管理规定,其中包括 1984 年颁布的《专利与商标法修正案》(Patent and Trademark Act of 1984),消除了原法案对独占许可的政策性激励的限制。

2.3 相关及辅助法案

20 世纪 80 年代以来,美国颁布了一系列有关技术转移的法律、法规和法案。1980 年的《史蒂文森-威德勒技术创新法》确立了鼓励产学合作的基本原则和联邦实验室技术向民间转移的政策。1982 年的《小企业技术创新进步法》，以鼓励中小企业技术创新，利用中小企业的技术力量来满足联邦政府研发工作及商业市场的需要，并强化社会各界在联邦政府研究成果商品化过程中的作用。1984 年的《国家合作研究法》，允许两家以上的公司共同参与研发项目，而不受《反托拉斯法》的限制，鼓励产业联合。1984 年颁布的《商标明确法案》以及 1986 年颁布的《联邦技术转移法》则分别对 1980 年的《拜杜法案》及《技术创新法案》进行了进一步修正。1989 年的《国家竞争力技术转移法案》，其目的在于鼓励实验室积极与产业界建立合作关系。1996 年通过的《国家技术转移与升级法案》，对上述《技术创新法案》及《联邦技术转移法》做了部分修正，其实质内容除了保证参与共同合作研发合同(CRADA)的公司可获得充分的知识产权，还保证参与研发的厂商至少取得专属授权的优先选择权，同时提高团队研究人员及发明人的奖励，并扩大了对发明相关人员的奖励范围。

2.4 《拜杜法案》的贡献及影响

《拜杜法案》是美国专利法的一次根本性变革，通过合理的制度安排，为政府、科研机构、产业界三方合作，共同致力于政府资助研发成果的商业运用提供了有效的制度激励。这一法案彻底改变了政府资助的研究成果的归属权问题，大大调动了研究机构进行研发和技术转移活动的积极性，促进了研发成果的专利化和商业运用，提升了美国产业的国际竞争力，使美国在全球竞争中能够继续维持其技术优势，促进了美国的经济繁荣。

《拜杜法案》的颁布使得许多新的技术转移机构在大学里相继成立，大多数大学的技术许可办公室也应运而生。1989 年，联邦政府成立的大学技术转移经理协会(AUTM)能更好地监管这些大学技术转移机构。美国大学开始在科技和经济的互动发展中扮演重要角色。

《拜杜法案》在美国经济发展过程中的突出表现在很大程度上影响了世界各国政府资助研发成果的知识产权管理政策。近年来，各国政府在美国的影响下，不断调整政策，以调动大学、国家实验室等在申请专利以及"产学研"结合等方面的主动性。

第三章　知识产权保护

想法能否成为产权？显然，土地、房屋、能看得到实体的物品均为财产，可以获得其产权。但很久以前人们就意识到，想法也是有价值的。但怎样拥有想法？这一问题被美国的开国元勋们讨论了很多。比如，《独立宣言》的作者托马斯·杰弗逊在美国最初的法律体系的创立中功不可没。但最初，他并不喜欢专利这一概念，他认为所有的想法都应该是免费公开的。但当美国的法律系统被建立时，知识产权方面的法律还是率先被写进了美国的法律系统。

3.1　知识产权的概念

知识产权是指人们就其智力劳动成果所依法享有的专有权利，通常是国家赋予创造者对其智力成果在一定时期内享有的专有权或独占权(exclusive right)。其主要形式有专利、版权、商标和商业秘密。

各种智力创造比如发明、文学和艺术作品，以及在商业中使用的标志、名称、图像以及外观设计，都可被认为是某一个人或组织所拥有的知识产权。1967年世界知识产权组织成立后，"知识产权"这一术语被人们广泛使用。

3.2　知识产权保护及其意义

知识产权制度对于促进科学技术进步、文化繁荣和经济发展具有重要的意义和作用。美国学者托马斯·菲尔德表示，对知识产权实行保护的原因在于，这种保护能鼓励经济增长、为技术创新提供动力，并吸引更多的投资，而这些反过来又能够为人们提供更多的就业机会。

知识产权与其他产权不同，它具有虚拟性强、模糊性大、流动性快等特点，这也使得知识产权的保护更显复杂、困难。

3.3 美国知识产权保护的历史

美国的知识产权立法历史悠久，在知识产权保护方面起步较早，有一套关于知识产权保护的完善制度和经验。早在美国建国之初，大多数的州即参照英国的《安娜法令》进行了本州的知识产权方面的立法。很快美国人意识到有必要制定联邦的知识产权制度。1789 年开始实施的《宪法》第一章第八条第八款就明确指出，国会有权"保障著作家和发明人对各自的著作和发明在一定的期限内的专有权利，以促进科学和实用艺术的进步"。这一条款就是版权和专利宪法条款。此后，美国又先后制订了《专利法》、《版权法》、《商标法》、《反不正当竞争法》、《互联网法》和《软件专利》。为了更全面地完成世界贸易组织在《与贸易有关的知识产权协定》当中规定的各项内容，1994 年 12 月 8 日美国政府又制订了《乌拉圭回合协议法》，对知识产权法律作了进一步的修改和完善。

虽然在 1789 年美国就在宪法中提出了保护知识产权的条款，但接下来的一个多世纪里，大学为发明申请专利和授予使用许可相对罕见，但也不是完全没有。例如，加州大学在 1912 年成立了一个研究公司来处理大学发明的使用许可问题，第一个案例是一项烟囱的除尘技术。1925 年，威斯康星校友研究基金会成立，为威斯康星大学教授的发明授予使用许可，其中包括一项获利丰厚的在食品中添加维生素 D 的专利。另外，尽管联邦法律要求联邦资助的发明属于联邦政府，即只能授予非独家的使用许可或公众免费使用，但还是有破例的情况的。到 20 世纪 70 年代时，许多在申请专利方面比较活跃的大学已经通过机构专利协议(Institutional Patent Agreements)取得了联邦资助的发明的所有权。不过大学申请专利是一个很冗长的过程，由于每个大学都必须独立申请，有的大学还需要就每项发明提出申请。但即便程序如此冗长复杂，为了能得到发明的所有权，大学还是对此项活动非常感兴趣，到了 1980 年，美国大学平均每年有约 300～400 项专利。

3.4 知识产权保护的种类及重要内容

美国知识产权分为四类：专利、版权、商标权和商业秘密。

3.4.1 专利

专利权(Patent)是国家依法授予发明所有人对其发明创造的一种独占使用权。专利因保护对象不同分为发明(Invention)专利、实用新型(Utility Model)专利、外观设计(Industrial Design)专利等，但专利权最主要的保护对象是发明。在大多数国家，专利一词在不冠以"发明"字样时，一般即指发明专利权。

可取得专利的主题是指依专利法规定准许授予专利权的发明创造。各国专利法可取得专利的发明主要分为以下三种：① 产品(Product)发明；② 方法(Process)发明；③ 改进(Improvement)发明。美国专利法保护的主题有：实用发明专利(Utility Patent，即发明专利)、植物专利(Patent for Plant)和外观设计专利(Patent for Design)三种。

根据美国宪法的授权，1952 年国会颁布了联邦专利条例。美国专利和商标局负责专利的审批，设在华盛顿特区的联邦巡回上诉法院负责审理专利的诉讼。

1790 年，美国国会通过美国第一部《专利法》，之后该法经历多次修改。现行《专利法》是 1952 年颁布的，该法于 1953 年 1 月 1 日开始实施，以后经过了十几次补充和修改。各州无权阻止、妨碍联邦法的执行。州法不但不能直接违背联邦专利法，也不能援用其他法律进行与专利法保护目的相冲突的保护。并且各州无权对不具备联邦法要求的发明水平的发明授予专利权或延长专利权的有效期。

一般情况下，专利所有人使用、开发该项专利的权利是具有排他性的。未经授权擅自使用他人的专利则构成专利侵权。

可以授予专利的项目包括：① 机器、程序、构造，或者对已经存在的机器、程序、构造的改进；② 制造环节的设计；③ 无性繁殖植物；④ 人类发明的生命物质。

取得发明的专利必须同时具备新颖、实用、先进等特点。抽象的概念、科学的原理程序一般不能申请专利，除非它们是现实存在的物质环境的一部分。

申请专利时，专利申请人首先应向美国专利商标局提出书面申请，如果专利被授予，该项发明将会获得一个独一无二的专利号码。如果在申请专利之前该发明已被公众使用一年以上，则该项发明不会被授予专利。但在申请专利之前的一年时间里允许专利申请人对产品进行销售、使用和发表，这在很大程度上鼓励和保护了发明者和创业者，他们可以先进行市场实验，再去筹资申请专利权和投入生产。

与大多数国家相比，美国《专利法》有如下5个特点：

(1) 实行保密的专利审查制度。专利局受理申请后先进行形式审查(Formalities Examination)，形式审查合格后由专利局直接进行实质审查(Substantive Examination)。在批准前，专利局不向外公布专利申请文件。

(2) 采用"先发明原则"(First to Invent Principle)。即当两个或两个以上的申请人就相同的发明分别申请专利时，专利权授予先发明人。

(3) 申请人必须是发明人。专利申请必须由发明人本人提出。若发明人想转让专利申请权，只能在本人先提出专利申请后进行转让。

(4) 对取得专利的发明无强制实施的规定。也就是说，美国专利法并不要求专利人必须实施专利发明。但针对这一点可能带来的弊端，美国有反托拉斯法，可以起到禁止非法垄断专利权的作用。

(5) 不规定不可取的专利的主题。这一点不同于其他大多数国家。但从其他特别法案的法院判决当中可以发现，不能获得专利的发明如原子核裂变物质发明、对某种特定基因的发现等。另外，纯粹的想法、自然现象、自然法则等也不能获得专利。

专利保护的起点是将发明人的发明提交给美国专利和商标局来申请专利。将发明提交给相关部门后，专利审查员要考查发明是否有用，有商业价值，这一点比较容易做到。而发明必须是新颖的，这一点看似简单，但却是个人或组织得到专利的门槛。

审查员会查阅相关文献，看是否能找到和本专利相关的发明。但发明人(比如大学教授)通常都了解自己的发明是否被申请过专利。中美不同之处在于，美国要求发明者要把所知道的和专利相关的所有信息告知审查者。但在中国和其他国家，发明者则不需要这么做，找到相同或类似的发明是政府的职责。在申请专利时，发明的具体细节要写清楚。有时专利的授权公司和发明者倾向将发明的内容保密。如果申报时不仔细描述的话，该专利很难申请到。

专利的有效期是 20 年，但这对制药业很难，因为一种新药至少需要10～15 年才能上市。大学收 Royalty Fee(权益金)只能收几年，所以对该费用的收取就很重要。每个国家都有专利保护体系，所以，一项发明需要在各个国家都申请专利。但在欧洲，只在一国申请即可。

公司倾向在申请专利前，将发明保密，但发明人，如大学的教授们，想法却相反，他们希望公开发布自己的发明或发现，并参加一些学术会议，探讨自己的发明。

大多数国家，包括中国，如果不申请发明申请专利，发明有可能被丢失。在美国，发明者可以先提出发明，之后在一年期限内进行专利申请。发明者们一般会尽可能早地申报。因为国外和美国政策不同，有可能有人已在其他国家对该发明申请过专利。

专利申请的声明部分要详细描述该发明。声明部分的描述一般浅显易懂，但专业严谨的法律语言会在声明中出现，所以这时往往需要律师的帮助来撰写或解读对发明的描述。

在美国，并没有"专利警察"这样的职业，大学依靠向公司授权来保障没有其他公司使用该专利。但也存在着未被授权的公司使用了大学的专利，大学却并不知情的情况。保证专利不被其他公司使用要付出昂贵的代价。如果雇用律师对其他公司进行侵权投诉，诉讼费很贵(高达几百万)，还要花几年的时间。有时侵权的公司规模非常小，所以不需要采取措施，因为他们的市场竞争力太小了，但这样的做法无疑会使发明者非常生气。而有时就很有必要起诉侵权公司，例如，印第安纳大学曾有一项专利还并未被授权给任何公司却已经被某公司使用，原因是该公司若干年前到学校学习了该专利的内容，但当时他们并没有要取得授权的意向。因为当时学校没有足够的资金起诉对方公司，于是和律师达成协议，律师帮助起诉这家公司，胜诉以后分享利益。

教授们要保护发明，并想尽早公开发明，因此可以申请一个临时专利。临时专利的有效期为一年，一年后，可考虑继续申请专利或放弃。临时专利的申请费用较小，一般为 5000 美元，通常技术转移办公室会承担这笔费用。在这一年当中，相关的负责人员会对该发明进行研究，从而决定是否继续申请该专利。如继续的话，还须决定仅在美国境内申请专利，还是在其他各国也申请专利，这点由市场决定。例如，一种新药，每个国家都需要，则需要在各国都申请专利。如果是一项服务，而该服务仅在美国需要，则仅仅在美国申请。如果要在各国都申请，要首先申请 PCT，即国际专利协议。同上面的临时专利一样，该专利只延续一年半。PCT 申请的费用要昂贵得多，因此有时候技术许可办公室没能力申请很多这样的专利，所以希望有公司来承担。如果想继续申请 PCT，就需要在各国申请，非常昂贵，没有公司支持的话，就只能在美国申请，因此在国外就保护不了该专利。

由于发明种类繁多，内容涉及各个领域，且随着科技的不断进步，有些发明是前人根本无法预料和想象的，因此可取得专利的发明在《专利法》中无法一一列举出来，故大多数国家都只是在《专利法》中规定哪些发明是不可取得专利的。只有美国《专利法》对于不可取得专利的主题，未给出明确规定。但从其他法案和法院的判决案例中可以看出，有关原子武器的发明由于涉及国防机密的原因，一律不可取得专利。另外，纯粹的构想(Ideas)、自然法则(Laws of Nature)、科学原理(Scientific Principles)、自然现象(Natural Phenomena)、自然存在物(Naturally Occurring Articles)、纯粹印刷品(Mere Printed Matter)和簿记制度(System of Bookkeeping)等，也都不能取得专利。

另外，关于专利发明人的问题也值得注意。发明人不同于文章的作者，教授希望和实验室的工作人员共享功劳，但专利的发明人往往不能包括所有的参与者。有些参与者的名字会出现在发表的文章中，但在申请专利的过程中他们仅仅被叫做操作人或参与者(Pair of Hands)，而不能成为发明人。

具体来讲，若该发明的想法是教授提出的，但验证人是实验操作者，发明人仅为教授一人。若学生在验证过程中提出一些建议，学生也可能成为发明者。如果是两所大学的教授和员工合作产生的发明，被叫做联合发明，两校的教授都为发明人。

申请专利后，要在产品上标记专利号码，以告知其他公司该产品已经被申请专利，不能再被其他公司使用了。

3.4.2 版权

美国版权制度的核心是"复制权"，即认为版权即复制作品的权利，这一概念实质上强调了作品的商业价值。

美国的版权局主管版权业务，只有视听可触及的作品属于版权注册和保护的范围，包括以下五大类和若干小项：

(1) 文稿类：包括书籍、期刊、报纸、讲演稿、地图。

(2) 表演艺术类：包括音乐、动画、戏剧、广播剧和电视剧、录音盒带、激光唱盘。

(3) 工艺美术类：包括绘画、素描、雕刻、织锦画、平版画、建筑图纸和模型。

(4) 摄影类：包括幻灯片、问候卡、明信片、影集。

(5) 电影类：包括电影特写、新闻纪录片、导游短片、科教片、科幻片、故事片等。

版权人对其他人独立创作内容相似的作品是没有排他权的。

被保护的作品必须是作者原创的作品。《1976 年版权法》明确指出，作品无论发表与否，均得到联邦政府版权法保护。未经许可使用大量或重要的部分构成版权侵权，但法律同时也允许在某些情况下，比如是为了评论、批评，或为了学术性的、技术性的研究工作等，可以不经版权所有人同意部分地使用作品。版权保护期对于自然人是去世后延长 50 年，对于法人是自该作品创作后 100 年内或公开发表后 75 年内。

美国 1790 年通过第一部《版权法》，当时仅适用于书籍、地图、期刊。随着科学技术的迅速发展，知识产权方面的问题涉及方方面面，为适应上述变化，实现宪法的目标，《1909 年版权法》对知识产权的保护范围已扩大到所有作品，虽然期间经历了 1831 年、1870 年、1909 年等几次重大修订。从此，美国联邦政府对版权开始实行单一的联邦保护制度。从《版权法》的历次修订中可以看到版权客体种类在不断扩大，特别是科技的发展使得电影、录音录像制品、计算机软件等与科技密切相关的内容成为版权的重要客体，并且日益成为美国版权法保护的重点。比如 1984 年的修订当中增加了第九章"1984 年半导体新产品的保护"，共 14 条。

版权保护的不是想法，而是表达想法的方式。例如如何写到纸上，如何放到音乐中。无需给政府提供资料申请，只需将一个带圆圈的大写字母 C 标到作品上，即可表明该作品或商品被保护了。版权标志着某个想法被表达的各种形式是受版权所有者控制的。

以儿童作品《绿野仙踪》为例，其作者可控制谁来印刷书，谁可以进行派生创作，即以他的作品为基础进行创作。电影《绿野仙踪》即为派生创作，电影制片人需要征得作者的许可。如果剧作家以电影为原型写了一部戏剧《绿野仙踪》，那么这个剧作家需要电影制片人和书作者的许可。

关于大学的版权保护，有时候，有些作品的作者是谁，是个难回答的问题。比如，一个教授需要使用图片来支持其演讲，于是找到一个艺术家给他画一幅图，以画一颗心为例。画家是否能成为作者取决于教授给予画家的指导有多少。如果教授指导大小、形状、颜色等细节的内容，教授也会成为画的作者，即享有版权。如果是传统意义上的学术工作，如文章、教材，则教授拥有版权。如果大学请教授为大学写一个软件，这种情况下，大学拥有该软件的版权。

3.4.3　商标权

商标权是商标所有人依法对其商标(Trademark)享有的专用权，是知识产权的一种。在美国，可以注册的商标包括商品商标、服务商标、证明商标、集合商标，可以是姓名、符号、文字、标识语或图案。但并不是所有的标志都能被注册为商标的，如国家、州、市和外国的旗帜、徽章；不道德和诽谤性的标志；不附加企业名称独立的地区性标志；不加企业名称单独的姓氏；已被注册的相似的标志。

美国专利商标局负责商标的注册。有效期以 10 年为基础，初次注册有效期 10 年，之后可以重新注册，每一次注册会使有效期延长 10 年，且重新注册的次数不限。注册的商标在全国范围内有效，被视作私人财产，任何未被授权而使用已注册的商标的行为均构成侵权。

不同于专利法，美国商标法主要是以州法为主，联邦法与州法并存。

美国现行的《联邦商标法》是 1946 年颁布的，其立法根据是联邦宪法中的商业条款。《联邦商标法》产生之后，也经历了多次修改，1975 年又对其进行了修改。由于该法是由德克萨斯州议员弗里茨·拉纳姆(Fritz G. Lanaham)支持起草的，故又名《Lanaham Act(拉纳姆法)》。

1984 年，针对故意从事假冒货物的交易，国会又制定了《商标假冒法》。1996 年 1 月，美国总统克林顿签署了《联邦商标反淡化法》，这是美国加强对驰名商标特殊保护的重要举措。

商标使得生产某产品的公司被识别出来。在一些取得商标权的商品上，往往会看到一个圈里有一个大写的 R 的图样，圈里的 R 表明政府已把商标的使用权授予了公司。在政府允许使用某商标前可用 TM(Trade Mark)和 SM(Service Mark)对商标进行保护。

商品标记(Trade Mark)已经被大众普遍理解和认知，一般的商品在取得商标权后，均会获得一个商品标记。

服务标记(Service Mark)，是指交通、运输、通信、广播、电影、金融、保险、广告、商业、建筑、旅游、饭店、洗染等服务行业为了便于顾客识别自己提供的服务而使用的一种标记。

服务标记与一般商品商标有密切联系，但又并不完全相同。两者的区别是识别的对象不同。商品商标是识别商品的标记，而服务标记则用以识别所提供的服务。有时，用于商品的商标也可能用于服务。例如，同一个企业在生产经营某项产品的同时也提供有关的服务，并在商品和服务上都使用同一标记，有人把这种标记称为双重标记。

美国是世界上第一个在成文法中规定对服务标记实行法律保护的国家。其 1975 年颁布的《Lanham Act》第三条规定，商业上使用的服务标记，可以按照一般商标注册规定，与一般商标一样注册，并具有同样的效力，注册后与一般商标一样受法律保护。

企业或机构必须尽力阻止别人使用自己的商标，否则将失去该商标的所有权。例如，印第安纳大学的两位研究者研究出测量酒精摄入量的仪器，因此大学获得了一个商标，但并未阻止其他组织使用该名称，所以被其他很多公司使用了，因此丢掉了该商标的所有权。其他还有一些保护商标失败的例子，比如阿司匹林，现在是一类药的名称，作用是减轻头痛，但很久以前它只是一个公司的一项产品，但该公司没能很好地保护商标，所以现在所有的公司都把治疗头疼的药叫做阿司匹林。Escalator 现在已成为"升降电梯"的统称，曾经也不是通用名，但问题同上。还有一些商标，比如，"邦迪"已经慢慢成为所有创可贴的名字；而"谷歌"已经成为 "到网上去查"的代名词了。

3.4.4　商业秘密

在美国，商业秘密也称为专有技术(Know-how)，这两个术语可以互换使用。商业秘密可以是产品的公式、模式、设计，编辑的数据，顾客名录等。许多州都采用了统一商业秘密法案保护商业秘密。侵犯商业秘密必须是采用盗窃、贿赂、间谍等非法手段。商业秘密的拥有者有义务采取预防措施，比如加围栏、上锁、雇用保安。如果不采取安全措施，秘密失窃则不在保护之列。商业秘密和专利不同，它不享有专利那样的法律上的独占权，其价值完全靠拥有者的保密来维持。一旦商业秘密为公众所知，则将丧失其垄断性。所以，商业秘密是一种以保密性为前提的知识产权。

美国对商业秘密主要是按判例法保护。根据判例法原则，非法盗用或泄露负有保密义务的商业秘密被视为违法行为，受侵害者可以请求法院制止继续违法并取得赔偿的法律救济。但美国也有保护商业秘密的成文法，即各州制定的商业秘密法。

商业秘密保护比较复杂，但有些规定是很明确的。比如某人在一家公司搞研究，即使这个项目的研究没有成功，但仍是商业秘密。他到别的公司后不能继续这项研究，因为法律规定在前一家公司所搞的研究，属于前公司所有。

在美国大学里，对商业秘密的处理方法很难决定，因为教授想公开发表自己的发现和发明，但同时又必须仔细考虑是要将发明申请专利还是将其保密。申请专利即表明要向外界公开该专利的技术，若将其保密，即按商业秘密来处理，就会将该技术保密。

但这也是有规律可循的。不同的商品处理的方式不同。比如一个齿轮的形状就要被申请专利，因为人们拆开齿轮就会发现其设计方式。但烤面包的温度没人能知道，人们只是觉得面包好吃而已，这时就要作为秘密。

在美国大学其实没有"商业秘密"这样的说法，但有另外一种说法，即 know-how(专有技术)。教授并不可能在发表的文章中提到所有信息，比如教授做过很多实验，其中两种方法是有效的，五种是无效的，教授在发表文章时可以选择不说五种无效的方法。当这些信息对公司很有帮助时，我们就可以安排教授到授权公司去工作一段时间，告诉公司人如何正确使用该专利的技术。

在美国，可以给新创造出的动物申请专利，但在中国和其他国家不可以。比如说祖克老鼠(Zucker Rat)，但因为所有者在事实上拥有这些老鼠，所以未申请专利。所有者在鉴定协议的基础上提供老鼠供其他公司使用。获得老鼠使用权的公司不能将老鼠做其他用途或给予他人，或者只能送给别的雄性老鼠。大学很少给研究工具或动物申请专利，因为费用很高。但在这些材料的转移中，会有很多的限制和规定。

3.5 美国知识产权保护的行政管理及执法体制

3.5.1 行政管理

在知识产权保护方面，美国联邦政府拥有涉及多个机构和部门的行政管理体系。按照功能分类，联邦知识产权管理机构分两大类：

第一类是行政主管机关。如美国专利商标局负责专利和商标的受理、审查、注册或授权、公开等；美国著作权局负责著作权的登记和管理；美国商务部负责国有专利的推广。而国家技术转让中心作为联邦政府支持的、规模最大的知识产权管理服务机构，负责收集和管理知识产权的相关资讯和促进技术转让方面的各项工作。其他政府机构也拥有各自的专利管理部门，有权以本机构的名义从事专利的申请、维护以及转让许可等工作。

第二类是专门设立的、与科技方面的法律有关的机构，如国会研究服务署、会计署、科技评估室、国会预算室。

总体来讲，专利行政管理部门的主要职能是负责知识产权的事务性工作以及新技术的推广和转让。另外，美国各地有数百名专利代理人，他们对新技术进行认证并在潜在的授权和被授权方双方之间充当媒介作用，以促进技术转让。

在行政程序上，美国国际贸易委员会(ITC)对根据《美国关税法》(1930年)第三三七节规定的案件(包括侵犯知识产权的进口商品的案件)拥有管辖权。美国海关有权对准备进口美国的假冒商标的商品或盗版商品实行扣押。

美国还利用行政程序和仲裁制度保护知识产权。

3.5.2 司法保护

完善的司法体系是知识产权的最主要保护手段。在通常情况下，美国联邦地区法院是版权、商标侵权、专利、植物品种、集成电路布图设计等各类知识产权案件的初审管辖法院。纠纷案件分为两种情形：专利纠纷案件一般是在联邦巡回院审理，若原告和被告不服判决，可向联邦高级法院法庭上诉；其他的知识产权纠纷，如州注册商标、商标侵权案及商业秘密的滥用等案件一般由州法院审理。如果原告或被告不服州法院的判决，可向联邦巡回法院提出上诉，联邦巡回法院的判决为终审判决。

在执法实践中，知识产权持有人可以获得制止侵权和保留证据的临时救济，还可获得制止进一步侵权的永久性禁令、赔偿及其他最终救济。对于严重侵犯版权和商标权的行为，美国执法制度还规定了刑事制裁措施。

3.5.3 知识产权保护中的律师队伍

美国拥有一支专业素质较高的律师队伍，因此美国知识产权纠纷案件多数在原、被告双方代理律师的不断接触和商讨中得到解决，经双方律师商讨后仍不能解决才诉诸法庭。由于美国解决纠纷的方式是法庭审判，法庭审理的时间较长，纠纷双方的代理费和诉讼费支出较大，因此多数纠纷当事人都希望通过律师之间的商讨得到解决，事实上许多纠纷也是这样解决的，这构成了美国处理知识产权纠纷案的一大特色。美国知识产权法律律师协会(AIPLA)是美国知识产权律师的社团组织，负责组织会员研究知识产权出现的新情况、新问题，协调会员与各方面的关系，组织会员开展对外的交流合作，并每年春、秋两季举办大型学术会议，秋季的学术年会目前在世界已有了一定的影响。它在帮助律师顺利完成各种调解和诉讼任务方面发挥了积极作用。

3.5.4　美国知识产权保护的执法情况

　　作为全世界知识产权保护最好的国家之一，美国的盗版现象几乎是世界上最少的，其在音像制品、计算机软件等方面的盗版产品只占市场产品的 5%。而一些发展中国家和地区，盗版产品则高达 70%～80%。这都要归功于美国成熟有效的法律执行体系。另外，美国知识产权法对知识产权犯罪的刑罚处罚，也体现了其保护知识产权的力度和强度。

　　在专利法方面，对于侵犯专利权的犯罪行为，美国的法律惩治体系有以下几个特点：

　　(1) 法律涉及面广。我国的侵犯专利权罪并不包括冒充专利的行为，即在我国并不会将用非专利产品冒充专利产品的行为进行刑罚处罚，而这在美国却属于假冒专利罪的范畴。

　　(2) 对侵犯他人专利规定了刑事责任，其中根据美国法典第 18 编第 3571 条的规定，伪造专利许可证的行为人将被处以 10 年以下的监禁。

　　(3) 充分重视被侵权人权益。只有当被侵权人的权益被充分尊重和维护时，整个社会才能建立起对法律的信任，打击侵权的活动才会收到显著的效果，从而在社会上建立起一种良性循环的模式。

　　在商标权方面，根据美国《1984 年商标假冒条例》，如果个人故意使用或是假冒一个注册的商标做生意，则刑事上应受 5 年监禁或 25 万美元的罚金或是两者并罚。如果违法者不是个人，应缴纳 100 万美元的罚款。

　　在版权方面，美国进行保护的一个重要特点就是刑罚日益严厉。具体表现为以下三个层面：

　　一是对于适用较重刑罚的法定定刑幅度的侵权复制品数量的要求较之前进行了降低，即只要复制或发行 10 份以上，就可能受到严厉的制裁。

　　二是将 5 年监禁与 25 万美元罚金的这一较重的法定定刑幅度的适用范围从录音、影片或音像作品扩展到所有其零售价超过 2500 美元的版权作品。

　　三是对于重犯或再犯的侵权行为最多可判处 10 年监禁，这一制裁措施相比之前更加严厉。

　　版权犯罪刑事责任的条款在美国法典相应条款中进行了具体的规定。

美国加重对侵犯知识产权法律处罚力度的做法，给当今世界的知识产权的立法和执法带来了正面和积极的影响。

3.6　中国知识产权保护现状

在知识产权立法方面，中国也有较成熟的体系和较高的水平，但也面临着一些问题，比如执法的力度不够强劲，执法效果不佳。简单举例来讲，在假冒产品问题上，我国法律仅对"制假售假"者进行惩罚，但对买假者并无相应处罚。但在美国，买假的人也要承担刑事责任。

美国在知识产权保护方面最突出的特点是完善的制度体系和强劲的执法力度，中美之间的差距主要表现在执法上。中国在法律执行方面，往往注重分析较表面化的问题，仅仅考虑惩罚处于较浅层面上的违法者，没有在更深的层面上考虑制度设置和违法行为出现的根源。因此，存在着执法力度不够的问题。另外，我国专利、商标、版权几个系统中，只有商标管理部门有专职的执法人员和一套相对完善的执法体系，版权、专利方面的行政执法力量都不同程度地存在专业人员不够、装备不足、技术力量缺乏等问题。除此之外，某些地区还存在着对侵权行为执法不严、处罚偏轻的情况，或者处罚的透明度、精确度都很低。

中国在知识产权保护方面最大的差距还在于大众的意识普遍较差。很多人认为，一旦申请专利发明就都对大众公开了，申请专利一方的利益就会受到损失。所以其实中国并不缺少相应的法律，而是一些公司、企业的法律意识不够强。每年我国有非常多的重大科技成果出现，但被申请专利的大约只占三分之一。在过去的十几年里，我国有十多万项发明无偿地"奉献"给了世界各国。而我国申请专利的发明，绝大部分都来自国外。有时甚至出现这样的现象：我国一些企业研发出一项产品，但缺乏专利意识，被外国企业抢注了专利权，结果是企业既付出了研发费用，又要向外国企业支付使用专利的费用。

而美国作为知识产权大国，在知识产权的立法和执法方面有着宝贵且丰富的经验，这些经验无疑对正在融入世界经济主流的中国来说具有重要的借鉴作用。

3.7 知识产权保护的案例

案例一 专利权案

户外电影院公司诉罗杰斯等人案　　　1942 年美国第九巡回上诉法院审理

案情介绍:

上诉人户外电影院公司(Park-in Theatres, Inc.)是可坐在汽车内观看电影的户外电影院(drive-in theatre)的专利权人,该公司曾向地区法院起诉,指控被上诉人(被告)罗杰斯(Rogers)等人侵犯他的专利权。但被上诉人(被告)提出该专利无效,因它不符合取得专利的主题。地区法院审理后作了有利于被上诉人(被告)的判决。上诉人(原告)不服,向第九巡回上诉法院上诉。

审理经过:

地区法院认为该专利主题为建筑设计,不属于制品范畴,因此不能授予专利,其法律依据是,美国第九巡回上诉法院以前对美国隐显床公司诉阿内尔斯蒂恩(American Disappearing Bed Co.v. Arnaelsteen)议案的判决。然而,上诉法院指出,该院在审理上述案件时,并未否认建筑物可作为制品取得专利的可能性。而只是上案中的发明主题不能构成属于制品的建筑物。该案所涉及的主题是在一幢有若干房间的公寓内,上下两个房间之间筑一隔层,可以放一张平时不用的床。上诉法院拒绝授予保护的原因是,如果批准这一专利权要求,将意味着申请人对在任何楼房内的各层都享有专利权。把两个房间之间的隔层解释为制品则严重地歪曲了制品一词的含义。法院从未判决过房屋内的某种形式的房间或房间的隔层可以成为能取得专利的主题。与此相反,美国第三巡回上诉法院的法官巴芬顿在审理赖特-康利制造公司诉艾肯(Riter-Conley Mfg.Co.v.Aiken)一案时,提到"为使专利局的一贯做法不受影响,我们应当明确,专利法上的'制品'一词是包括建筑物的"。巴芬顿法官还说,"建筑物并非都必须有屋顶,屋顶不是决定因素,要考虑它的构成和配合的因素来决定其是不是一种制品。同时,我们也不要因大小和不可移动的因素而做出错误的判断。金字塔有其庞大和坚固的特点，依然被视为一项有别于自然物的制品。"

本案专利的核心部分是其对汽车的排列，使之面向舞台和银幕，并使车内的人都能透过汽车前窗看到电影或舞台，而不被其他来往车辆挡住视野。这一点是通过将汽车停在有倾斜度的路面上来实现的。这项专利并不涉及如何在斜坡上停置汽车的方法。建造这种坐在汽车内看电影的户外电影院所使用的材料，也不是判断该项目专利性的决定因素。鉴于上述原因，第九巡回上诉法院认为该户外电影院属于可取得专利的制品。

审理结果：撤销地区法院的判决，由地区法院按上诉法院的意见重判。

案例二　版权案

美国 F.W. 伍尔沃思公司诉现代艺术公司案　　1952 年美国最高法院审理

案情介绍：

现代艺术公司(Contemporary Arts Inc.)是美国一家工艺美术品生产商，产品中有一项猎用小猎犬雕塑被他人仿制后，在 F.W.伍尔沃思公司(F. W. Woolworth Co.)的商店里出售，侵犯了它的版权，为此向 F.W.伍尔沃思公司提起诉讼，要求损害赔偿。地区法院经审理认为，原告现代艺术公司的版权已有效确立，而且侵权事实也十分清楚，因此判令被告停止侵权，向原告支付 5000 美元的赔偿金，并承担律师费 2000 美元。伍尔沃思公司不服而提起上诉。经上诉法院裁定维持原判。伍尔沃思公司仍不服，又上诉到美国最高法院。

经查明，本案所涉及的侵权作品是被上诉人制作的小型雕塑中的猎用小猎犬的雕塑。这种工艺品主要批发给礼品商店和工艺美术品商店零售。上诉人伍尔沃思公司销售的雕塑则来自于仿制者，但进货时他们并不知道是仿制产品。先后共进了 127 打，发给其所属的 34 家伍尔沃思连锁商店销售。根据美国的法律，伍尔沃思公司的行为已明显构成了侵权。

最高法院认为，伍尔沃思公司侵权行为既已确定，本案唯一需要解决的就是如何计算赔偿金问题了。版权侵权的赔偿金大致有三种计算方式：

(1) 按被侵害人所受的实际损失计算；

(2) 按侵权者所得利益(infringer's profit)计算；

(3) 由法院酌定赔偿金额(statutory damage)(称为罚金)。

按上述第(3)种法定损害赔偿金额计算时，赔偿额通常为250～5000美元(以上根据《1909年版权法》，美国现行《版权法》已改为250～10000美元)。至于选择哪一种方式计算赔偿金，一般来说，只要上述"受害人实际损失"和"侵权人所得利益"两项中有一项不能得到证明，法院就有权酌定法定损害赔偿金额。

本案中，侵权人伍尔沃思公司的侵权所得利益已经证实。该公司共售出127打仿制品，进货价格为每只60美分，销售价每只1.19美元，毛利共计899.16美元。因侵权人未提出充分的证据证明其中包括有可扣除的费用。因此，最高法院认为其侵权非法所得的利益应为899.16美元。

关于被上诉人因被侵权而遭受的实际损失，被上诉人并没有向法院提供，而只提到该公司规模很小，仅有8名职工，年收入才35000美元，其经营的产品按不同的材料分为红色石膏、红色陶瓷和黑白陶瓷，零售价分别为每只4美元、9美元和15美元。被上诉人想据此证明由于上诉人销售品质低劣的仿制品价格便宜，给被上诉人产品的销售带来很大影响，造成销量大跌，库存大量积压。但是他始终没有提出因伍尔沃思公司侵权而造成的实际损失额。尽管上诉人坚持想以上诉人的非法所得(899.16美元)为标准计算赔偿金，但最高法院认为，下级法院鉴于上述情况不采用"被侵害人所受的实际损失"或"按侵权者所得利益"，而选择"法定损害赔偿额"的计算方法，是完全正确的，从而否定了上诉人的上诉争辩。

最高法院接着引用了道格拉斯·坎宁安(Douglas V. Cunningham)一案的判例。判例说："该项法律采用这样的措辞，是为了避免把侵权制裁理解得过于严厉，同时也能让版权人在难以或不能证明'实际损失额'和'侵权得利'时同样获得某种补偿。"为了实现此项目，该法已被解释为授权初审法院斟酌决定合适的赔偿金额。当然法院确定的赔偿金额必须在法律规定的范围内。由于被侵害人所受的实际损失在很长情况下难以准确计算，尤其是当侵权人以低价销售侵权产品时，被侵害人所遭受的损失可能更大，所以在当事人只证明"侵权得利"而不能证明"实际损失"的情况下，法院仍应当选择"法定损害赔偿额"的方法进行处理。假如法院同意仅按上诉人的所得利益来计算赔偿金，可能不足以使侵权人得到应有的惩罚，从而导致侵权行为的再度发生。最高法院还认为，即使受侵害者实际上没有遭受任何损失，或者侵权人没有从侵权中获得利益，法院仍可以按法定损害赔偿额为依据来确定赔偿的金额。

据此，最高法院认为原判决并无不当之处，应予维持。故裁定驳回上诉，维持原判。

案例三　商标权案

可口可乐公司诉七喜公司案　　1974 年美国海关与专利上诉法院审理

案情介绍：

本案上诉人是美国著名的可口可乐公司(COCA-COLA CO.)，被上诉人是美国七喜公司(SEVEN-UP CO.)。20 世纪 70 年代初，七喜公司向美国专利局申请注册了用于软饮料的 THE UNCOLA 商标。上诉人认为可口可乐商标已成为驰名商标，被上诉人在同样的商品上使用与之相似的商标，容易使消费者产生混淆，故以该商标与它的著名商标 COCO COLA 相似为由，向专利局的审议与申诉委员会提出异议，要求专利局撤销七喜公司的 THE UNCOLA 商标权。审议与申诉委员会认为，七喜公司的 THE UNCOLA 已产生第二含义，具有识别性，因此驳回了可口可乐公司的异议，于是可口可乐公司便向美国海关与专利上诉法院提起上诉。

审理经过：

上诉人在上诉法院审理中提出，它开始使用可口可乐商标的时间远远早于被上诉人开始使用 THE UNCOLA 的时间，其历史要比 THE UNCOLA 长四分之三个世纪。为此，上诉人认为，在这种情况下，就不应再允许七喜公司取得与 COCA COLA 商标相接近的 THE UNCOLA 商标权。上诉法院对上诉人使用商标早于被上诉人这点并无异议，但是它认为，本案涉及的两个商标由于不构成近似商标，所以也就不存在谁先使用的问题。其次，上诉人对审议与申诉委员会裁决中所说的七喜公司的 THE UNCOLA 商标已取得"第二含义"进行抨击。据他们调查，公众在订购被上诉人产品时并不经常使用 THE UNCOLA 商标。关于这点，审议与申诉委员会已正确指出，购买者是否使用该商标在确立"第二含义"时，并不重要，尤其在有驰名商标"七喜"可用时更为如此。

上诉法院认为，专利局的审议与申诉委员会的上述分析基本上是符合商标法原则的。但上诉法院认为本案实际上无须考虑被上诉人的 THE UNCOLA 商标是否具有第二含义，即可以确认其商标权。上诉法院负责审理此案的首席法官马基解释说，第二含义(secondary meaning)一词是指后来产生的另一种含义，这种含义产生于某种新的环境(即市场)，其重要性并不低于第一含义。美国判例中发展起来的"第二含义"其实就是商标法上的识别性。如原来不能注册取得商标权的地理标志、姓氏名称等，后来具备了识别性，在销售中与商品生产紧密联系，这样就产生了第二含义，因此它也是"市场含义"。本案中的 THE UNCOLA 商标不仅是一项说明性标记，而且一开始就是一种和被上诉人的产品相联系以区别于其他产品的特殊标记，它本来就有识别性，因此在这种情况下不涉及"第二含义"的问题。

美国海关与专利上诉法院经审理后裁定，维持专利局审议与申诉委员会的决定。被上诉人胜诉。

案例四　商业秘密案

霍尔特克诉 C.M.肯普制造公司案　　　1936 年美国第四巡回上诉法院审理

案情介绍：

霍尔特克(Hoeltke)在 C.M.肯普制造公司(C.M.Kemp Mfg.Co.)的一次爆炸事故后，了解到该公司发生爆炸是由于它的工厂里没有安装防火装置所致。他针对这家公司的需求，发明了一种自动防火装置，于 1928 年 12 月 4 日写信给该公司准备向该公司转让技术。该公司表示有兴趣，派代表于 1929 年 2 月与霍尔特克会面，建议他申请专利，并要求他在申请后向该公司提供说明书、图纸等技术资料。1929 年 4 月 16 日霍尔特克向美国专利局申请专利，并于 4 月 27 日将有关技术资料寄给该公司。5 月 15 日该公司复信说，它对发明内容"颇感失望……不拟采用"。不久，肯普制造公司也就相同的防火装置用雇员的名义向美国专利局提出专利申请，因而构成专利申请抵触案。虽然抵触程序中，专利局将专利权批准给了先发明人霍尔特克，但霍尔特克认为肯普制造公司在他取得专利之前，有侵犯其秘密技术资料的行为，因此向地区法院提起诉讼，要求追究其法律责任。地区法院经审理判决科普制造公司胜诉，霍尔特克不服，遂向美国第四巡回上诉法院上诉。

审理经过：

被上诉人称，他在收到霍尔特克的第一封来信后，就已开始研制新的防火装置。但这一情况始终未向霍尔特克透露。肯普制造公司研制的防火装置在实质内容上与霍尔特克申请专利的装置基本相同。因此，在专利局处理抵触申请案的过程中，肯普制造公司未能提供自己是先发明人的证据。对专利局将专利权批准给霍尔特克这一点，并无任何异议。问题是在霍尔特克取得专利前，是否有权以肯普制造公司盗用其发明制造销售产品为由要求取得赔偿。上诉法院认为，在取得专利之前，发明人将发明内容揭示给其他人，而该人后来又破坏所信赖的这种保密关系从事发明制造品的生产和销售活动。虽然不能依据专利法认定其侵犯专利，但仍可以参照衡平法不许人们牺牲他人而不正当获利的原则。关于透露上诉人的发明一事，上诉人和被上诉人之间是否存在保密关系是有争论的，但这种争论并无理由。上诉人将发明揭示给被上诉人的目的是为了向他转让技术，被上诉人在信中明确表示对该发明有兴趣并要求上诉人揭示，否则被上诉人是不可能在专利批准前看到上诉人的说明书和图纸的。这些情况说明尽管双方并没有订立协议，仍要求被上诉人对揭示给他的资料保守秘密，并不得使用，除非他决定购买此项发明。公平合理地说，他们之间仍存在着默示的信用和守密关系。被上诉人应对他的制造和销售行为承担法律责任，此外，被上诉人不能够提供自己是先发明人的证据，也说明了被上诉人不是独立研制开发，而是利用了上诉人的发明构思，其使用完全构成了侵犯他人商业秘密的行为。

鉴于上述原因，美国第四巡回上诉法院认为，地区法院的判决是错误的，应予撤销，故将本案发回地区法院重新审理。

第四章　美国大学技术转移模式

4.1　综　　述

"技术转移"这一概念已被广泛使用，指生产过程中的具体技术，如经验窍门、技艺知识、管理技术等，从一个人或组织转移到另一个人或组织的过程。技术转移的实现，往往要以一些技术转移机构为媒介。而技术转移机构，是指为实现和加速技术转移提供各类服务的机构，包括技术经纪、技术集成与经营和技术投融资服务机构等。作为一种新型科技中介机构，技术转移机构对促进科技成果的转化发挥了重要作用。技术转移机构最早诞生于美国。为了促进大学技术向产业的转移，美国的一些大学，如麻省理工学院、斯坦福大学等，创立了一些技术转移的机构，显著提高了科技成果转化率。

目前，美国的技术转移机构一般被称为技术转移办公室(Office of Technology Transfer)，简称 OTT，或技术许可办公室(Office of Technology Licensing)，简称 OTL。有些大学还采用了其他的名称。一些主要的美国研究型大学设立的技术转让机构如下：

学校名称	机构名称	创立时间
威斯康星大学麦迪逊分校	技术授权办公室	1925 年
斯坦福大学	技术转让办公室	20 世纪 70 年代末期
哥伦比亚大学	科技发展办公室	1982 年
哈佛大学	技术与商标许可办公室	20 世纪 80 年代初
普林斯顿大学	研究与项目管理办公室	20 世纪 80 年代初

康奈尔大学	康奈尔科研基金会	成立于 1932 年, 20 世纪 80 年代被赋予技术转让责任
麻省理工学院	技术许可办公室	1986 年
卡内基·梅隆大学	技术转让办公室	1993 年
康涅狄格大学	科学技术商业化中心	1997 年

在美国大约有 200 多个技术转移办公室, 也就是说所有的研究型大学和一部分较小规模的学校都已经设立了该类机构。最早的一批在第二次世界大战之前就已经成立, 但大部分是在 20 世纪 80 年代建立的, 主要是为了响应《拜杜法案》后上升的对技术进行转移或商业化的需求。

本章将主要介绍以下内容:

(1) 美国大学技术转移机构自身的构建模式及运作特征。

(2) 在实践中, 技术转移机构将技术进行商业化的运作模式。

4.2 美国大学技术转移机构的起源及发展

美国大学技术转移机构的出现始于 20 世纪初, 其模式大致经历了三个发展阶段: 威斯康星大学的 WARF 模式, 麻省理工学院的第三方模式, 斯坦福大学的 OTL 模式。

4.2.1 威斯康星大学的 WARF 模式(20 世纪二三十年代)

1925 年, 威斯康星大学成立了专门管理本校专利事务的机构——威斯康星校友研究基金会(Wisconsin Alumni Research Foundation, WARF)。这是本校教授 Harry Steenbock 为了方便本校教师申请和管理专利, 和几个校友共同发起的基金会。该基金会的特别之处在于, 虽然它是大学的附属机构, 但它是独立于大学之外的, 享有独立的法律地位, 且在管理方面也是独立的。在 WARF 的管理下, 大学的专利许可收入较为可观。之后, 其他的一些大学如明尼苏达大学、俄亥俄州立大学等也仿效 WARF 模式, 成立了附属的"研究基金会"(Research Foundation), 专门管理本校的专利事务。该模式至今仍为上述大学所采用。但在当时, 大学作为非营利的教育机构, 其涉足专利管理的做法并未得到广泛支持, 因此, 该模式尽管影响较大, 但并未得到推广。

4.2.2 麻省理工学院的第三方模式(20世纪30~60年代)

世界著名高等学府麻省理工学院(MIT)也是美国大学技术转移概念的发源地之一。

早在1886年,MIT的学生Arthur D. Little创立了全美第一家咨询公司,这成为后来利用科学知识创建新公司,即进行技术转移的楷模。此事件深远的意义在于"跨越了传统的纯科学研究与如何应用这些科学知识解决实际问题的鸿沟",拉开了高等教育系统从过去满足于教室传授知识与实验室科学研究向工业平台进军的序幕。

此后,1912年,加州大学伯克利分校教授Frederick Cottrell成立了美国首家专门面向大学的校外专利管理公司——研究公司(Research Corporation,简称RC),帮助各大学处理自己的专利管理事务。RC至今仍在运作。1937年,麻省理工学院与RC签署协议,协议中规定,麻省理工学院将学院的发明提交给RC,由RC负责专利申请和许可等事务,其收入麻省理工学院得60%,RC得40%,从而开创了大学技术转移的第三方模式。在该模式的运作下,学校既完成了技术转移,获得了专利授权的收入,又不会因为涉足专利的管理事务而受到非议,因此许多大学,也包括斯坦福大学纷纷效仿,与RC签订协议。但是第三方模式也有其缺点:首先,很多大学都慕名而来,请RC帮助处理专利事务,但RC无法同时应付众多大学的专利管理事务;其次,RC要分去一大半的收入,双方容易在收入分配上发生分歧,最终不欢而散。基于以上原因,麻省理工学院在20世纪60年代终止了与RC的合作。

4.2.3 斯坦福大学的OTL模式(20世纪70年代至今)

很长时间以来,斯坦福大学技术转移采用的也是麻省理工学院的第三方模式。以这种方式进行技术转移,自20世纪50年代初以后十几年的时间里,斯坦福大学获得专利授权的总收入只有几千美元。1968年,斯坦福大学资助项目办公室副主任Niels Reimers发现学校有许多发明其实极具商业价值,但都只停留在技术层面,均未被商业化。如果学校亲自管理专利事务,即出面申请这些发明的专利,再把专利授权给公司或企业,将会给学校带来相当可观的收入。而Reimers本身就是一位技术工程师,并做过合同经理，而且还有在高新技术企业工作的经验。因此，在征得校方同意后，Reimers 开始了为期一年的试验期，并取得了相当大的成功，当年就创收超过 5 万美元。斯坦福大学随即于 1970 年 1 月 1 日正式成立技术许可办公室，Reimers 为首任主任。恰逢当时斯坦福所处的硅谷正在崛起，取得了巨大成功，因此斯坦福大学首创的 OTL 模式，也吸引了众多大学的仿效。已经同 RC 终止合作的麻省理工学院还特意向斯坦福大学请求借调 Reimers 一年，指导其已经停滞不前的技术转移工作，而引入 OTL 模式之后，麻省理工学院的技术转移工作很快便有了巨大的进展。

OTL 刚成立时只有 2 人，截至 2000 年已经扩展到 26 人，累计受理 4000 多项发明披露，累计申请 1000 多件美国专利，累计创造专利许可收入 4 亿多美元，累计给予 OTL 研究激励基金(OTL Research Incentive Fund)800 多万美元。因此，到 20 世纪 90 年代初，多数大学都和麻省理工学院一样，摒弃了技术转移的第三方模式，转而采用 OTL 模式。

OTL 模式现已成为当代美国大学技术转移的标准模式。该模式已经为美国大学普遍接受，研究型大学均设立了技术转移办公室或技术许可办公室，作为学校的行政管理与服务机构，全权代表学校处理本校教授发明的专利技术，并制定了促进技术转移的制度与条例，加速学校技术转移的工作。为了协调与促进技术转移工作的实施，加强行业自律，在美国成立了全美大学技术转移协会(AUTM)，制定了协会章程，协会现有会员单位 200 余家。

4.3 技术许可办公室(OTL)模式

现阶段，美国大学技术转移的标准模式是斯坦福大学首创的 OTL 模式，即技术许可办公室模式。OTL 模式值得关注的主要创新特点为设立专门的技术许可办公室完成技术转移工作，并充分强调经济效益，为高校技术转移提供多种动力机制和高效率的管理办法。

4.3.1 OTL 的宗旨及人员构成

本节将以斯坦福大学的 OTL 为例介绍技术许可办公室模式下的办公室构建情况。

斯坦福大学的技术许可办公室(OTL)成立于20世纪70年代,其宗旨是:促进斯坦福大学将技术上的成果转化成服务社会与大众的切实产品,并将收益返还给大学和发明者,用于进一步的研究和教学。

上述宗旨也体现了技术许可办公室的功能定位:

一方面,实现技术商业化,是技术转移的第一目标,也是根本目标,所以美国大学的技术转移不以获得最大的经济回报作为追求目标。成功实施专利的目的是对国家、学校、发明者、企业等多方负责,或称多赢。大学技术转移应当为学校所拥有的技术做好技术鉴别、专利代理等一系列工作,使每一项具有潜在商业价值的技术尽快申请专利,获得国家法律保护。

但另一方面,作为一个独立机构,创造利润是技术许可办公室存在的前提,不可将其忽视。因为技术许可办公室是自收自支的机构,经营办公室本身一般需要大量经费,同时经济效益又可以作为衡量技术许可办公室工作成绩的指标,经济效益好既表明办公室在技术转移工作中充分发挥了其媒介作用,又说明大众从新发明获得了益处。

目前,斯坦福大学 OTL 由 29 人组成,共分为七个部门。其组织机构见下图。

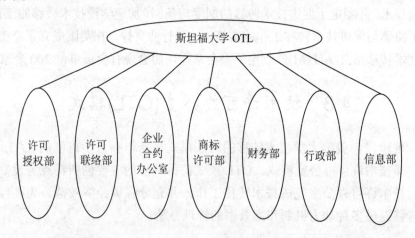

许可授权部有 7 名工作人员,4 名高级专业授权人员,3 名专业授权人员,职责是分别负责相应专业领域的技术许可过程。

许可联络部由 6 名人员组成,他们充当专业授权人员的秘书,协助与外界联系。

企业合约办公室有 5 名工作人员，他们负责处理由企业资助的研究项目与 OTL 的联系。

商标许可部 1 人，负责版权(软件)、商标许可、有形研究资产以及生物原料的对外转移协议。

财务部 2 人，负责财务，会计。

行政部共 5 名工作人员，他们负责人事、信息传达、办公室日常事务管理。

信息部有 3 名人员组成，他们的职能是进行数据库管理和网络维护。

4.3.2　OTL 模式下技术转移的具体操作程序

至今，美国的 OTL 已发展出一套成熟有效的工作程序，其基本步骤如下：

(1) 发明的披露。发明人向 OTL 提交"发明和技术披露表"，OTL 随即记录在案，并交由技术许可办公室的授权人员，通常称为"技术经理"，负责此后的全过程。

(2) 技术评估。技术许可办公室的技术经理，平时经常与各方广泛接触，包括发明人、公司技术负责人、其他技术转移办公室工作人员等，并掌握大量信息，包括用途、竞争优势、创新之处、潜在的市场等，在此基础上，技术经理及其团队对该发明进行深层次评估，独立决定学校是否要将此发明申请专利。在决定申请专利后，申请专利的具体事宜交由校内或校外专利律师办理。

(3) 营销与谈判。在不泄露技术机密的情况下，授权人员主动接触潜在的被许可方(通常为公司或企业)，大体介绍技术用途和可能带来的效益，并与感兴趣的企业签订披露协议，允许其在公司内部进行具体、全面的信息评估。随后，授权人员与企业代表进行专利许可谈判，签订专利许可协议或选择权协议。

选择权协议是指当发明本身还处于较早期的阶段，或者企业认为该技术不够成熟，不能明确其使用价值或潜在市场时双方签订的协议。在该协议下，公司仍然支付一定的费用，以期在一定时间内(通常为一年)优先获得许可。

(4) 后续跟进工作。当一项技术通过谈判成功转让后，专业授权人员负责保持企业与 OTL 的联系，具体包括监督被许可方的执行情况、了解产品市场化的进程、提供必要的咨询服务、及时获得反馈信息并向大学汇报、收取技术许可费等。

4.3.3 OTL 模式的主要创新

OTL 模式的主要创新之处有以下几点：

1. 专门设立独立机构

多数美国大学都在校内设立了促进技术转移的专门机构——技术许可办公室或技术转移办公室，原因是由于知识产权经营是非常专业化的商业活动，没有专门机构和专业人员便无法开展。以斯坦福大学为例，其技术许可办公室的工作即专门将技术上的成果转化成服务社会与大众的切实产品，并将收益返还给大学和发明者，用于进一步的研究和教学。技术许可办公室受理来自大学教职工和学生的发明申请，并对这些发明的商业潜力进行评估，使大学教育研究工作与技术转移之间形成良性循环。又譬如，在技术转移方面已经非常成熟的哈佛大学，根据学校医学特色鲜明的特点，组建了哈佛生物医学共同体，包括哈佛大学、医学院、专业医学研究中心、医院等不同层面的实体，共有专业技术转移工作人员 64 人，下设研究管理办公室、技术风险办公室、知识产权办公室、支持合作研究办公室、商业开发(市场运作)办公室等二级机构。在机构人员的安排上，重点是技术许可经理，依次为专利管理人员、商业开发人员及办公室日常事物秘书。

在行政管理上，技术许可办公室被学校赋予的行政级别很高。仍以斯坦福为例，OTL 与负责学校科研管理的资助研究办公室(Office of Sponsored Research，OSR)平级，二者均归主管全校科研的副校长管辖。OSR 与 OTL 之间分工明确：OSR 负责代表学校与国家和资助企业签订研究协议，并对研究项目进行全程监督；OTL 则负责代表学校完成知识产权管理和经营。

2. 自收自支的经营模式

除成立时学校投入第一笔启动资金外，OTL 今后的办公费用全部从知识产权经营收入中开支。斯坦福大学 OTL 每年从知识产权经营毛收入中划出 15%作为运营经费。该模式下，办公室有以下几个工作重点：

第一，将专利的市场营销放在工作首位。OTL 模式强调大学亲自管理专利事务，并把工作重心放在专利营销上，以专利营销促进专利保护。而第三方模式下，大学虽设有专利办公室，但只管专利保护，专利的申请和推销都交由校外专利管理公司。OTL 模式十分强调知识产权经营，即经济效益，要求以知识产权产生的效益带动知识产权的保护和管理。这一点表现在：选择性申请专利。OTL 收到发明披露后，首先通过技术评估对发明进行筛选，只有商业前景良好、市场需求大的发明才被申请专利。斯坦福大学每年都有 200 多项发明披露，但只有 1/3 被申请专利。

第二，企业分担专利费用。美国专利申请费和维护费用普遍较高，动辄高达数万美元。PCT(国际专利申请)专利申请和维护费用更高。通常大学属于非营利教育机构，专利费用如果全由大学负担，对大学来说是一个巨大的困难，可能从而使得大学无法将很多优秀的发明进行授权。因此，OTL通常将专利费用纳入专利许可协议谈判之中，要求企业支付部分或全部专利费用。

第三，收入共享。技术经理在评估技术时，不仅要与发明人讨论商业化的途径，也会商议该发明或技术的定价。由于大多数的发明都是使用学校的经费和实验设备，所以技术许可收入的分配也体现了收入共享的原则。现在通常的做法是，OTL 办公室提取许可收入的 15%作为办公费，剩余的部分按照发明人 1/3、发明人所在系 1/3、所在学院 1/3 进行分配。发明人和发明人所在院系参与分享专利许可收入。允许发明人分享收入旨在激励教师不断披露发明，并配合随后的专利申请和许可工作；而允许发明人所在院系分享收入的做法，则提升了发明人在院系中的地位和声望。

3. 工作人员均为在相关领域有很强专业知识的技术经理(technology manager)

第三方模式下，大学专利办公室的工作人员只管专利保护，专利的申请和推销都交由校外专利管理公司，因此知识结构单一。OTL 模式下，工作人员必须既有技术背景，又懂法律、经济和管理，还要擅长谈判，因此被称为技术经理。但技术经理只管专利营销和专利许可谈判，在决定申请专利后，专利申请的具体事宜有的学校交由校外专利律师事务所办理，而有些大学的技术许可办公室配有专业的知识产权管理人员和律师。

由于技术转移工作面对的是市场运作，需要具有雄厚的工程技术、法律、金融等多方面的实力与经验，而学校里的教授与一般管理人员难以担当起这一重任，所以美国大学的技术转移机构均从社会上招聘具有工商管理硕士或博士学位、有企业长期实践经验的技术专家、管理专家、法律专家等从事技术转移办公室工作。在选拔技术许可经理时，每一所大学都会根据自己学校的学科特色与技术优势，侧重某些领域。如哈佛大学 50%以上的技术转化工作放在了生物医药领域，而麻省理工学院则把工作重点放在了生物医药、电子信息、新材料等领域，技术许可办公室近 80%的工作人员来自于企业，一般具有工程师的头衔与专业能力。

事实上，虽然美国的大学在技术转移领域的工作已经相当成熟，但美国的技术转移办公室要招聘到合适的技术经理也是很困难的。从事技术转移的工作人员需要具备以下三方面的素质：

(1) 具备评估发明的能力来判断发明的市场价值及是否能申请到专利，以决定为哪些发明申请专利。

(2) 具备和专利律师合作的能力，以得到一个于己有利的专利。

(3) 具备和授权公司协商、达成双方成功遵守授权协议的能力。

所有这些技能在市场上都有很高价值，而大学往往付的是低于市场价的工资，因为通常大学的技术转移办公室的预算很紧张，因此大学要得到这些人才必须和私有公司进行竞争，

4. 充分授权

充分授权即授权过程由专门的技术经理全权负责制。每项发明一经披露，便由 OTL 的一名技术经理负责从受理披露一直到收取和分发专利许可收入的全过程。其间的重要决策权(是否将某项发明申请专利，把技术授权给哪一家公司等)，学校均授予技术经理。技术经理之间有时会集中讨论个别重要技术转让项目，但并非集体决策，仍然由负责的许可经理来决策，即使技术或发明已经许可，许可经理仍然要为未来的许可关系负责。

5. 严谨、专业的工作流程

OTL 的工作流程如下：

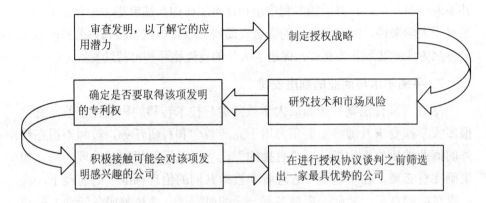

TOL 工作流程中有以下两个工作重点：

第一，保密协议。在技术评估阶段，技术经理在对发明进行评估时可请外部人员提供意见，但双方往往要签保密协议。在营销阶段，对于有兴趣授权发明的公司，也要求其签订保密协议，即参与授权评估的公司有权了解发明的全部详细信息，但禁止在不授权的情况下用该发明来营利。

第二，"广泛撒网，重点捕鱼"。披露给 OTL 的技术多数都还处于很早期，有的甚至只是概念或思路，对其进行评估需要投入很多精力，有时候还很难判断其商业前景，因为有些发明甚至需要 10～15 年之后才能够投放市场，看到其市场效益。因此 OTL 的惯常做法是，尽可能多的接触发明人，从而得到大量的发明披露，但仅针对比较重要的发明制定许可战略。在斯坦福大学 OTL 累计的 6000 项发明披露中，被授权的有 2600 项，有效授权的只有 1500 项，其中只有 3 项授权是营利超过 1 亿美元的大赢家，只有 14 项授权获得 500 万美元以上的收入，53 项获得 100 万美元以上的收入。因此可以看出，有效的授权还是很少的。

6. 利益分配与激励机制

对于大多数技术转移办公室来说，收益的一大部分都返还给了大学和发明人，他们仅从毛收入中提取 15% 作为日常经费，从而能自收自支，有效运行；其预算余额部分甚至也被用于设置研究激励基金，对初级研究提供支持，进一步孵化有商业前景但尚未转让的技术，促进技术转移。发明人和发明人所在院系和大学各得其余 85% 的 1/3。这种分配方式一方面使得发明人在获得物质和精神奖励的同时备受鼓舞，能将更多精力投入到基础研究中，并不断公布发明，在以后的专利申请和许可工作中，能够更加配合；另一方面对于大学来讲，能有更充足的资金资助研究项目。技术转移办公室的权益金分配方式能兼顾各方利益，促进了大学的良性循环和可持续发展。

7. 平衡学术与商业的制度安排

尽管《拜杜法案》颁布后大学教师参与技术转移的积极性空前高涨，很多大学都要求教师将主要精力用于完成教学和科研任务，教师不得在校外的商业性质的机构里从事"直接的"、"活跃"的研究或管理活动。如果确实有必要，在不违反"管理者和教师共同的伦理标准"的前提下，在征得学院同意后，教师一周最多有一天的时间可从事校外服务活动。但技术许可办公室的制度和规定有效地解决了大学的学术理念和服务社会之间的矛盾。在这种制度安排下，大学本身并不直接从事专利技术的转化，而是设立技术许可办公室负责申请专利和向公司发放专利实施许可，同时也保证教师依然能将主要精力投入到学术研究和课堂授课的活动中。

4.4 OTL 的技术转移运作模式

目前美国各个技术转移机构都竭尽所能将有益于社会和大众的发明进行商业化，使之服务于大众。使用最多的技术转移模式可归纳为以下三种：技术授权、创立新公司及合作研发。这三种模式的根本不同之处在于大学参与其中的程度。

4.4.1 技术授权

技术授权模式，指技术许可办公室得到发明披露后，通过技术转让、技术合作、技术咨询，技术服务等，使大学里具有潜在商业价值的技术被学校以外的企业或公司购买，由企业或公司对其进行开发和转移，也就是说，技术拥有者向技术接受者授予使用专利、商标、技术、著作等的权利，而技术授权者向被技术授权者收取相关费用。

4.4.2 创立新公司

在选择不将技术进行授权或者没有找到合适授权公司的前提下，可以衍生新的公司，这些公司往往是由技术许可办公室支持建立的。一般来说，衍生公司从事与大学科研成果相关的生产与服务。它们往往同技术许可办公室保持着一定的联系，技术发明人也会直接或间接地参与到公司的创建和发展中来。发明人或者从公司创建开始就与学校脱钩，但与学校保持一定的联系；或者仍然在学校里从事教学或科研，业余参与公司的经营和运作。在大学技术转移中，创建新公司模式是对技术授权模式的一种有效替代，两者是一种互补关系，但新建公司往往面临着更大的挑战。

4.4.3 合作研发

合作研发模式，指技术产生于大学或大学之外，在其被授权和进一步研发的过程中，除了企业投入技术力量外，仍需要运用大学知识来支持。由于国外大学与公司企业的合作主要集中在新技术的研究开发阶段，在生产和将技术商业化阶段合作相对少。因此，在国外，合作研发主要指大学与企业或是政府间的联合技术创新行为。重点在于大学要给予公司或企业后续的技术支持和援助。

4.5 OTL 模式下技术转移的效果

OTL 技术模式的运作下，美国大学技术转移效果相当显著。

以斯坦福大学为例，该校从 1970 年成立至 2006 年，OTL 累计技术披露近 6500 件，累计转让技术 2600 余项，共获得技术转让收入约 11 亿美元。其中，2005—2006 年共披露技术 470 件，签订转让协议 109 件，获得许可专利金共计 6130 万美元，创 36 年来的最高纪录。如今，OTL 每周平均接受 8 件技术披露，其中约 50% 的项目经过评估后填写专利申请表，另一部分技术成果进行进一步孵化或被放弃，其中披露技术的 20%~30% 被成功转让。

更为重要的是，OTL 模式下的技术转移创造出各方共赢的结果，具体表现为以下几点：

第一，给大学本身带来好处。OTL 创造的专利授权收入，虽然对于斯坦福这样享誉全球的大学而言，每年几千万元并不算多，但它是学校自己的收入，完全可以自由支配，而不像政府、公司、私人的资助和捐助，这些资助经常规定了使用范围，还往往有一些附加条件。学校可用技术转移的收入去资助一些很难找到外来资助的前沿性研究。此外，OTL 风生水起的工作成绩，使斯坦福大学成为全球大学技术转移的领先者，提高了学校的声誉。

第二，对作为发明人的大学教授而言，首先，一项成功的专利授权项目会给教授本人带来丰厚的利益回报。大学教师通常会将分得的专利许可收入又重新投入到自己所从事的基础研究中去。同时，通过 OTL 的专利许可，大学教师与公司或企业之间建立起联系，企业会继续向大学教授提供研究资助。大学教授也能通过企业这一渠道了解市场需求，从而明确下一步的研究方向，做到有的放矢。

第三，对于政府和公众而言，OTL 帮助达成了联邦政府的目标，即把联邦政府或私人企业资助下的研究成果通过专利保护和许可方式成功商业化，提高了美国企业的竞争力，促进了经济的发展。并且，OTL 专利许可产生出的社会和经济效益，远远超过联邦政府每年对斯坦福大学数亿美元的基础研究投入所产生的效益。OTL 对公众的贡献在于得到 OTL 专利许可的企业开发和生产出的高技术产品，服务于大众，提高了公众的生活质量。而技术许可办公室支持建立的新企业又为大众增加了就业机会。

第四，对于斯坦福大学身处其中的硅谷而言，OTL 的技术转移产业与硅谷的成长和发展是同时进行的。OTL 许可出的技术是硅谷一些高技术公司和企业出现、成长和壮大的源泉，直到 20 世纪 60 年代中期，硅谷都还被称作圣克拉拉峡谷，那里仍遍布着杏树和果园，果园收入可能仍多于电子公司创造的收入，而自从斯坦福大学采用了 OTL 进行技术转移以后，硅谷发生了翻天覆地的变化，高新技术产业成了圣克拉拉峡谷的新生力量。在制药工业(pharmaceutical industry)方面，斯坦福大学对于硅谷的主要贡献是将制药工业方面的技术专利许可给大公司，使一些公司得到了前所未有的发展壮大。比如，1981 年，OTL 将斯坦福大学教授 Stanley Cohen 和加州大学伯克利分校教授 Hebert Boyer 于 1974 年联合发明的"基因切割"(gene-splicing)这一重大生物技术，申请了发明专利，并以非独占性许可方式将该技术许可给了众多企业，从而开启了全球生物技术产业；对于硅谷的计算机和信息网络业、医疗器械(Medical Devices)业以及微电子机械系统(Micro-Electron-Mechanical System)业，斯坦福大学的主要贡献是大学师生踊跃创业，亲自将 OTL 许可的专利技术予以商业化。

4.6　我国大学技术转移现状

2001 年，我国首批认定了清华大学、上海交通大学、西安交通大学等六所大学的技术转移机构作为国家技术转移中心。目前，我国已建成大大小小的技术市场近百个，国家级技术转移中心 10 余家，国际级大学科技园 40 多个。总之，国内技术转移服务组织已经初具规模，且在继续壮大。

但对比中美两国大学技术转移工作，我们会发现美国的优势在于整个国家对知识产权的保护意识比较强烈，有着非常完善的知识产权法律法规，整个社会已经形成了对技术研究开发的保护环境。而且技术转移模式历经将近一个世纪的演变，已经非常成熟有效。由于企业技术开发与集成能力强，大学在技术商业化方面的压力也较轻，整个技术转移过程已经相当的程序化。

我国近年来也制定了一系列政策法规鼓励大学的技术转移，并在若干重点大学，包括清华大学，建立国家技术转移中心。但现阶段，我国高校技术转移方式与美国大学有很大不同，最大的区别就是：高校企业(university-owned enterprise)已成为我国高校技术转移最主要方式之一，而美国大学更惯常的做法是将新技术授权给校外公司或企业。

中国高等院校在技术转移工作中面临的困难也比较多。首先是知识产权法制体系不够完善，抑或执法力度不够强劲，所以在技术转移过程中的信任成本开支很大，技术得不到有效保护，阻碍了高校与企业双方技术合作的积极性。其次，缺乏具备知识产权管理经验的人才是我国大学技术转移所面临的另一个主要困境。这一显著差异的背后是中美两国政治、经济、社会、历史、法律、教育等多方面制度环境的巨大差别。

最后，在技术转让积极性方面，在美国，当发明人把技术成果提交给 OTL 后，技术经理即迅速与各方接触并掌握大量信息，决定是否申请专利并尽快找到合适的授权公司，之后技术经理就与之展开专利许可谈判，签订协议。而在我国，大学科研成果更强调学术研究，对于可以转化的技术发明，在很多情况下也是被动等待公司企业来洽谈转让，这就大大降低了技术成果的转让率。

4.7 结 语

美国大学技术转移过程可描述为如下过程:

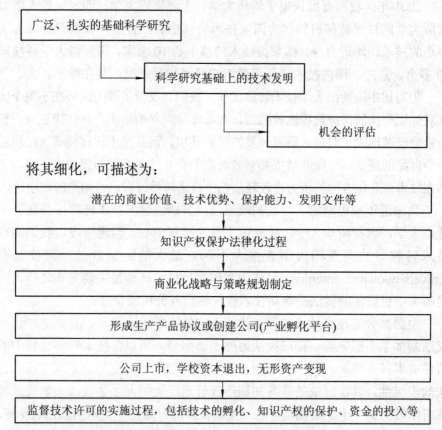

将其细化,可描述为:

潜在的商业价值、技术优势、保护能力、发明文件等

知识产权保护法律化过程

商业化战略与策略规划制定

形成生产产品协议或创建公司(产业孵化平台)

公司上市,学校资本退出,无形资产变现

监督技术许可的实施过程,包括技术的孵化、知识产权的保护、资金的投入等

为了顺利实现上述过程,美国具有一定科研实力的大学均设立了技术许可办公室(OTL)或技术转移办公室(OTT),代表学校对本校教授发明的技术进行评估、代理申请专利、商业谈判及授权过程实施监督等。从而实现了技术的商业化,更是达到了学校、发明人、政府、公众、社会各方共赢的局面。斯坦福大学、麻省理工大学等大学技术转移的成功经验,对于我国大学技术成果转化具有积极的借鉴意义。

第五章 美国大学技术转移流程概述

5.1 美国大学技术转移的流程

从时间上来讲，OTL 技术许可的操作流程可分为两大板块：技术授权和后续跟进工作。

5.1.1 技术授权主要步骤

第一阶段，发明披露。发明人向 OTL 提交"发明和技术披露表"，OTL 随即记录在案，并交由技术许可办公室的授权人员，通常称为"技术经理"，负责此后的全过程。

第二阶段，技术评估。技术评估从时间上来衡量的话，可分为两个阶段：筛选性评估和深层次商业评估。筛选性评估发生在发明被披露后的四到六个星期之内的时间里，在这一过程中，技术许可办公室的相关负责人员根据该技术所处的阶段以及市场需求来判断该技术是否具有足够的商业价值和服务大众的功能，然后将与市场期望和大众期望相去甚远的发明放弃，只保留比较有价值的一些发明。通过筛选评估的这部分发明将进入下一阶段的评估，即深层次商业评估。这一阶段的评估将要求相关负责人员具有更专业的相关知识或对某些领域的深入了解。

进行两个阶段评估的前提是专业授权人员经常与各方广泛接触，包括发明人、企业科学家、其他技术授权人员等，并掌握大量信息，包括用途、竞争优势、创新之处、潜在的市场等。在此基础上，技术经理及其团队对该发明进行深层次评估，独立决定学校是否要将此发明申请专利。在决定申请专利后，申请专利的具体事宜将交由技术许可办公室的律师来办理，有的技术许可办公室如果没有自己的律师，还需要校外专利律师的介入。

第三阶段，营销与谈判。在不泄露技术机密的情况下，授权人员主动接触潜在的被许可方(通常为公司或企业)，大体介绍技术用途和可能带来的效益，并与感兴趣的企业签订披露协议，允许其进行具体、全面的信息评估。随后，授权人员与企业代表进行专利许可谈判，签订专利许可协议或选择权协议。选择权协议是指发明本身还处于较早期的阶段，或者企业认为该技术不够成熟，不能明确其使用价值或潜在市场时双方签订的协议。在该协议下，公司仍然支付一定的费用，以期在一定时间内(通常为一年)优先获得许可。

第四阶段，将技术授权给公司。在此环节，双方要签订授权协议，授权协议的内容也非常关键，往往需要非常有经验的技术授权人员来起草。

5.1.2 后续跟进

第一，授权顺从性。授权后，一方面，双方应将此授权过程的所有步骤与相关的法律条文进行对照，必须确保对该技术进行授权的过程完全符合相关法律，如《拜杜法案》的规定；另一方面，双方均应该按照合同中签订的条款进行各自的活动，不可随意更改签署的授权书或协议。

第二，当一项技术通过谈判成功转让后，专业授权人员负责保持企业与OTL的联系，具体包括监督被许可方的执行情况、了解产品市场化的进程、提供必要的咨询服务、及时获得反馈信息并向大学汇报、收取技术许可收入等。

第三，OTL权利金收取和分配方式。OTL的许可权利金收取方式灵活，根据双方谈判的实际情况，采取使用前期付费、年付(分若干年付清)、红利、股票等形式。权利金的分配情况视学校而定，但为了协调各方关系，一般的大学都在制度上确定了技术收益的分配比例。例如，在宾夕法尼亚大学，技术转移收入的20%归技术转移办公室，20%归发明者个人或群体；而在哈佛大学、麻省理工学院等一大批学校，基本上都确定了三方各占1/3的分配比例，即专利许可收入的15%用于OTL日常行政开销和运营经费，其余 85%的权利金中，1/3 给发明人，1/3 给发明人所在系，1/3 给发明人所在院校。

5.2　实际操作过程中的工作重点

5.2.1　发明的披露

技术转移办公室工作人员的日常工作之一就是经常与大学的教授进行沟通，从而发现一些新的发明。但此项工作在实际的操作过程当中非常困难，因为大学的教授们都非常繁忙，除非他们真正需要将自己的发明进行技术转移的时候，他们才愿意来接触这个领域。因此大学技术转移办公室的工作人员经常要采取主动的方式，即经常访问大学的各个实验室、参加一些研讨会、听教授们的讲座等。到教授们工作的现场去了解他们的工作内容和工作进展，如果教授们正在给同事讲座，办公室人员可从内容中发现谈话中提到的一些可能被申请专利的发明，然后跟相关教授或员工沟通，帮他们将发明进行披露。

5.2.2　找到合适的授权公司

一旦发现适合的新发明，整个办公室的工作人员将集合起来，开会讨论将如何处理被披露的发明。这一步将在发明披露后的最短时间内进行，从而显示出对发明人辛苦工作的尊重。开会将讨论：能否申请得到专利，是否会有公司对该发明感兴趣。接下来相关的技术经理还会仔细研究该发明，并有针对性地同相关领域的公司进行接触，寻找对该技术感兴趣的公司。若找到感兴趣的公司，就与公司签订合同，展开授权过程。同时，技术许可办公室的律师也将开始申请专利的工作。

5.2.3　同授权公司签订合同

如果某公司对一项技术很感兴趣，但并不确定是否想授权，这个公司的人员会对该技术进行进一步的了解，在公司内部做些研究，或研究市场来确定市场是否对该技术感兴趣。这一阶段的时间跨度往往为一年，在这一年期间，该潜在授权公司往往不希望技术转移办公室和其他公司进行接触。因此该潜在授权公司会和技术转移办公室达成协议，即选择协议(Option Agreement)。也就是说，在该潜在授权公司对该技术进行评估的过程中，技术转移办公室不得接触其他公司。作为交换，该潜在授权公司会付给技术转移办公室一笔费用，或付申请专利费。或者双方最终决定不合作了，公司将把他们所搜集到的所有关于这项技术的相关信息与技术转移办公室共享。若最终该公司决定将该技术授权，技术转移办公室要决定该授权是否具有排他性(Exclusive Right)，即仅仅授权给这一家公司。因为若授权不具有排他性，则表明其他公司也可使用该专利的技术。有时技术转移办公室也会和公司签一个非排他性的合同，但这种情况较少出现。

事实上签订的大多数合同是排他的。因为在这个阶段，技术许可办公室所掌握的发明本身也往往处于非常早期，授权公司还要付出大量时间和资金来对该技术进行进一步研发。因此，公司不想其他公司也日后从该技术受益，这一点是显而易见的。

一般情况下，技术转移办公室在和小公司合作时，虽然一开始就签订了授权协议，但大家也都意识到，很长时间以后双方还要重新签订合约，这是由于签订协议时，该发明的技术还处于早期的阶段，公司还没弄明白该发明的市场价值。一旦公司发现该技术真正的市场价值，双方均会意识到，最初签订的合同其实已经不具有任何意义了，必须重做。

最后，签署合同时，要和技术转移办公室合作的授权公司需要弄明白，合同拟好后是由谁来签，即是由相关律师来签署还是其他人员。不同的大学出发点不同，所以签字的人也因学校而异。如果大学律师签的话，将要等待很长的时间。因为律师对于合同非常谨慎，对合同的拟定以及其中涉及的条款都非常严格。但在有些大学，比如在印第安纳大学技术转移办公室，该合同是由办公室副总裁签，因为这些大学的技术转移办公室比较灵活，也愿意承担风险。这样的话，该合同的签订就比较迅速。还有很重要的一点，就是大学技术转移办公室的一部分工作人员会同授权公司进行一系列的谈判，双方协商好之后才拟定合同。拟定合同的员工都是在某个领域非常专业的专业人员。这就需要技术转移办公室对谈判人员的谈判能力和他们拟定的合同非常信赖。

5.3　重要的合同条款

5.3.1　金融条款

金融条款在大学技术转移的合同中是通常会出现的，但并不意味着合同中一定要包含以下所有条款。但这一合同结构对于还处于早期的技术或发明来说很重要。

所有金融条款都要遵循的原则就是要确保技术许可办公室前期投入的费用可以很小，且随着时间的增长，这一投资会得到回报。

1. 授权费(License Fee)

授权费一般是由公司来承担的。但对于小公司，有时他们没有那么多的资金，而且需要投入资金对技术进行进一步的研究，这时可用他们的股权代替授权费。

2. 维护费(Maintenance Fee)

维护费是技术许可办公室每年都要向公司收取的。开始的时候数额较小，目的是促使公司全力发展该技术。随着时间的增长，这一费用会逐渐增加。公司决定停止在该技术上继续工作的话，他们会返还技术，停止付这一费用。

3. 里程碑费(Milestones)

当公司取得成功时，技术许可办公室将得到里程碑费。比如说某一种药品卖得很好的时候，或者工程方面的，如某一种仪器的原型获得成功时。

4. 红利(Royalty Rate)

红利是大学回收钱最多的部分。每当一批产品被卖掉，大学就会得到其中的一部分钱。虽然这是公司的一笔支出，但这个费用的产生对公司来说也是一件很好的事情，因为这项费用的产生证明公司赢利了，当然也能付得起这个费用。

5. 分包费(Sublicensing Fee)

有时候一项发明有多于一种的用途，比如一种药品，它可能既对癌症有效果，也对眼疾有效果。如果公司规模太小，不能同时发展发明的各项功能，它可能只做其中的一个版块，而请另外的公司进行其他版块功能的发展。两个公司之间在这种合作形式下签订的协议，叫做分包协议(a sublicense)。这时，两公司之间签订合同产生的由第二家公司支付的费用即为分包费(Sublicensing Fee)。第二个被签约的公司支付的费用由技术许可办公室和第一家被授权的公司分享。

6. 专利费(Patent Costs)

技术转移办公室通常会要求授权公司支付专利费。因为专利费非常高，很多的技术许可办公室负担不起，这也是办公室无法申请很多专利的一个原因。

5.3.2 监督条款

技术许可办公室在合同中一定要加入监督并确保公司会努力工作的条款。原因是一般情况下如果是两个公司之间签订了协议，之后一个公司把技术交给了另一个公司，但接下来另外一个公司有可能对该技术并不作为。虽然这在公司之间是很正常的现象，也不会使某方受损，但对大学来说，要保证该发明能尽早使大众受益，并不希望这种情况发生。所以大学会把以下条目放到合同中，以确保公司会努力地为此技术工作。如果公司并未努力，技术许可办公室可以把授权收回，然后把技术转给其他公司。

常见的监督条款包括：

(1) 使用领域(Field of Use)；

(2) 报告(Report)；

(3) 里程碑费用和日期(Milestones and Date)；

(4) 审计权(Audit Right)；

(5) 终止权(Termination)。

以上这些条款可以使大学确保公司将技术转化为产品后，该产品的使用领域完全符合合同的规定。并且公司要定期就其工作进展情况做出报告，同大学技术许可办公室进行沟通。同时，合同中要明确表明里程碑费的金额或比例，以及在什么阶段或时间缴纳这一费用。大学对某些资金的审计权也要写进合同。另外，当公司没有按照合同进行技术成果的转化时，技术许可办公室可以行使对该合同的终止权。

5.4 大学需注意的事项

1. 权利保留

大学希望保留对发明成果在理论层面上的使用权，因为大学往往希望这些发明能被所有大学用于学术研究和刊物的发表中。

2. 利益冲突

大学希望他们的发明人和公司一起工作，但同时又担心公众会认为他们没有为公众服务，而是在为公司工作，因此违背了大学为公众服务的目的。因此，一般大学都有一个负责此事的委员会，来讨论和决定员工能不能为公司工作。

另外，为避免利益冲突(Conflicts of Interest)，学校规定发明人不能参加 OTL 与企业之间的专利许可谈判，谈判由技术经理全权代表学校，这是因为发明人往往集多重身份(教师、专利许可收入的分享者、公司顾问等)于一身。如果发明人与谈判企业之间存在关联，这一情况要经过大学技术研发中心主任或总裁和发明人所在院院长的审核和批准；如果与发明人有关联的企业最终被确定为专利许可对象，则 OTL 还要起草备忘录，证明该企业是经过筛选的，并建议院长予以批准。

3. 保险和赔偿

对于将技术进行授权过程的各个阶段，大学都要对相应的投保和赔偿情况非常清楚，并采取必要的投保措施，从而避免一些损失。

4. 拜杜法案

所有的技术转让和授权过程都要遵循《拜杜法案》中相应的规定，这一点是毋庸置疑的。

5.5 面临的挑战

有些发明处于非常初期的阶段，很多公司会拒绝将这类发明进行授权。但对技术许可办公室来说，非常希望能把这些技术转化成产品或服务来服务于大众。这时，在不与其他校外公司合作的情况下，一个尝试就是同大学新建立的公司密切合作，但事实是大多数小公司都以失败而告终。这一点构成了大学所面临的一项巨大的挑战。

但很多技术许可办公室依然在此方面做出了很多努力，比如办公室会帮一些教授或大学员工新建一些小公司，并且帮他们筹到资金，当筹到钱的时候他们会请专业的商业人士帮他们管理公司。或者他们还很依靠商学院的学生来帮他们组建小公司，有的商学院学生非常优秀，他们从学校这里获得了发明，并以此为基础完成了一些创业项目，这些创业项目帮他们赢得了很多奖项，从而提升了学校和该发明的认知度。

同时，一些有过经营失败的人，从失败中积累了经验，还在继续尝试新的技术。

第六章　美国大学技术转移市场营销

6.1　市场营销的概念

什么是市场营销？根据维基百科：市场营销是通过将商品或服务的价值传达给顾客，从而达到出售该产品或服务目的的过程。这一概念的重点在于市场营销是一个过程，依靠的是人与人之间的交流。

6.2　美国大学技术转移的市场营销

对于大学技术转移工作来说，将大学内部出现的各种发明推向市场，进行营销，是一项很艰巨的工作。火箭燃料、树脂玻璃、小儿麻痹症疫苗、含氟牙膏和磁芯存储器等来自于大学的发明使整个世界都发生了改变，具有划时代的意义。大学的各种大大小小的发明每天都在发生，虽然不是所有的发明都具有改变整个人类的价值，但这些发明对某些行业、某些国家仍具有重要的意义。所以，要找出有效的方法使人们对这些新发明感兴趣，最终目的是将其推向市场，以期给学校、发明人、政府、社会各方面带来效益，尤其是使大众从中受益。

6.3　两种营销类型

当技术许可办公室接收到刚被披露的新发明时，他们将对该发明进行深度、详细的评估。如果最终决定要将该项发明申请专利并授权，那么接下来办公室的工作人员将开展对该发明的市场营销工作。

严格来讲，市场营销工作分为两个阶段：内部营销和外部营销。内部营销是指弄清楚该知识产权的内容是什么，然后对其潜在的价值进行定位，目的是将该技术或发明授权，进行大学技术转移方面的公关工作，为后续研究找到资助。外部营销指校外的活动，即找到对该发明感兴趣的公司，从而能将发明授权。对于同一项发明的价值，每个人的想法都不同，营销者应将各种不同的信息整合，从而使营销走向成功。所以这是一个需要付出大量时间和精力的过程。

6.3.1 内部知识产权市场营销

在进行知识产权内部市场营销之前，办公室的工作人员要做的准备工作是识别出什么是有价值的技术。即当技术许可办公室刚接到发明披露时，很多披露并不是成品，有些是根本谈不上成熟的技术，有些可能只是手稿等很初级的东西，所以工作人员要弄明白该发明当中哪些部分在知识产权方面具有真正的价值。除此之外，工作人员还需要进行以下各方面的工作：

1. 将技术进行分类处理

技术可以分为产品、过程和服务三类。

1）一种产品

该技术最终可以生成可以在市场上进行销售的产品，比如一种新药、一种医学仪器，或者一种教学用仪器。如果是药品的话，它是生物方面的还是分子方面的等这些问题都要搞清楚；如果是一种仪器的话，要详细了解它的功能，比如说该仪器是用于测试心脏缺陷的。

2）一个过程

这类专利很难执行，即很难保证这种专利在授权后不被其他的公司所使用，因为过程往往是没有实体，比较抽象的，这使得执行的过程比较困难。所以，这时要和专利顾问进行讨论，弄清楚该专利是否能够顺利执行，或者如果将该专利授权给公司的话，公司能否顺利将其执行。

3）一项服务

这一种也比较难把握。因为有时候大学拥有某项服务的知识产权，有时没有。但有一点要知道，我们不为服务本身申请专利。这就解释了美国大学没有持有或保留服务的所有权，即服务是没有专利的。通常某项服务是基于某位教授的经验和知识的，所以如有能力的话，最好的办法就是教授在校外设立自己的公司，这样就可以用一个独立的公司来提供咨询服务。不同的大学，在这方面的规定不同，具体情况因学校而异。

2. 了解该技术所处的阶段

办公室的工作人员在看到新的发明披露时通常还会问一些问题：该发明处于什么发展阶段？投资人和发明人有什么样的数据？如果是一项仪器的话，该发明仅仅是教授头脑中的一个想法？是不是已经有了设计图？还是已经制造出了原型，可以展示给感兴趣的人们看。针对一种新药，教授有没有弄明白该药品所面向的病患群体？或者有没有更进一步的做法。是否投资者已经做了动物实验，得到了相关数据。上述问题，都要技术许可办公室的工作人员一一弄清楚。

3. 了解技术的用途

技术许可办公室的工作人员要面临的下一个问题是：这些技术有哪些应用？被设计的目的是什么？是用来解决哪个具体问题的？以电动平衡车为例，一开始发明者对它的用途并没有一个很清楚的评估。发明者认为它既环保，又好操作，因此它可以给人们的交通工具带来变革，在很大程度上替代汽车，成为人们的代步工具。但事实证明，至少在中国电动平衡车还没有被广泛使用，只有个别场所，比如机场的保安在使用。个人电脑刚发明时，人们也不确定它的功能，但完全没想到今天它已经成为生活中不可或缺的一部分。而留声机发明的初衷是人们离世前可以录下遗言，一生只用一次就够了，但很快聪明的人想到了新用法，即用来听音乐。我们的办公室也会有时出现这种情况，教授很兴奋地拿来新的发明，认为有非常特别的用途，但公司想法可能不同，所以会建议教授改进发明。

4. 技术评估

技术评估包括四方面的工作：一是要充分评估该技术的优缺点；二是要研究和了解这类产品的市场，看是否有类似产品，市场上是否有该技术的替代产品；三是要考虑潜在的授权人或公司是谁；四是，如果没能找到合适的授权公司的话，能否成立新的公司来发展和推广该技术。

(1) 技术的优缺点。

举例来讲，比如被披露的发明是一种老鼠夹子。那么相关的评估人员则要考虑这种老鼠夹子夹住老鼠时，老鼠是直接被杀死，还是依然活着。因为两种结果所满足的市场需求是不同的。若老鼠直接被杀死，则免去了处理老鼠的麻烦，但是老鼠夹子和死老鼠却需要清理；若夹住的是活老鼠，则免去了清理老鼠夹子的麻烦，但是怎样处理一只活老鼠又成了一个难题。

总的来说，将一种技术进行授权之前，要充分考虑各种可能性。即要充分考虑该技术的优缺点对其进入市场以后的影响。它的缺点能否被人们忽视，而它的优点是否能成为足够的吸引力，吸引人们购买该产品。

(2) 是否有替代物。

有时，一项被披露的发明可能确实非常超前，还没有任何一家企业能生产拥有该项技术的产品。比如，新披露的技术产品是一种新型的智能手机，它所具有的功能还没有任何一家公司的产品能拥有。是否这种新型智能手机就需要将其进行授权，投入生产？产品上市后，该产品能否在市场上占据一席之地？

这时要考虑的问题是，市场上已经有很多品牌的智能手机，如苹果、三星等。因为这类大公司在人力、资金、技术等各方面的资源都非常丰富，一旦有别家公司开发了新技术，他们很快也会掌握该技术，甚至是在此基础上将其继续升级。所以要开发智能机的话，就要抗衡这些公司，而跟这些公司抗衡的难度是显而易见的。因此，要对该新型智能手机进行授权和生产的话，将会非常有挑战性。

(3) 潜在的授权人是谁？

对每一项新技术都要考虑其是否有合适的潜在授权者，这一点要求技术转移办公室的技术经理们平时就要建立起属于自己的信息网和人际关系网。

(4) 如果不能找到授权者，能否利用掌握的新技术开设新的小公司？

解决这一问题同样要求技术经理充分地了解和使用自己的信息及人际关系网，但同样重要的是也要对大学内部、可提供的资金、技术及人力支持有非常清晰的了解。

(5) 人们为何要给这项新技术投资？

回答这一问题首先要弄明白，这项技术的特征是什么，是什么特征使这些投资者感兴趣。其次，技术发展的阶段很重要，因为可以帮助确定谁会成为授权人或合伙人，继续给技术投资。如果技术还很早期，需要很多资源来发展它，小公司不能成为授权者。但有时候技术可以用来对小公司的地位进行巩固或补充，这时这种形式对该技术的发展就很完美。技术不能独立存在，可以补充小公司已有的技术，这时小公司也可能被授权。

同时，从技术许可办公室的角度来看，也要决定要接近哪个公司，哪些公司不能合作，要避开。有的时候，有些公司并不对授权技术感兴趣，他们其实是该技术的竞争者，所以他们会问很多问题，想尽可能多的获取技术学科办公室掌握的技术信息。

有的公司可能正在开发一个类似的项目，但该项目可能发展的不是很顺利，所以他们可能对一个备用的项目感兴趣，所以会授权项目，但这种情况并不常见。所以让一个公司感兴趣的关键是给公司足够的相关数据，而且必须是他们想要的数据，能降低他们投资风险的数据。投资公司会想要尽可能的降低风险，他们希望授权时技术发展到比较成熟的阶段，即已经基本上能够确保赚钱了。

6.3.2 专利的外部市场营销

外部市场营销的流程如下：

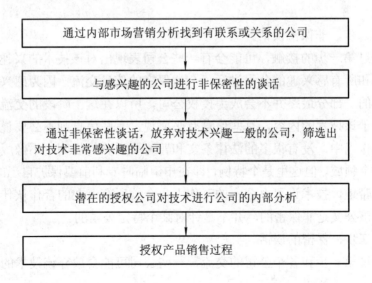

第一步，首先要识别和筛选出可能对技术感兴趣的公司和关系。

首先通过教授的私人关系，与熟悉的公司进行接洽，可以发邮件，或者通电话。私人关系在这一环节很重要。

另外就是通过办公室已有的数据库、联系人名单等等与潜在的公司联系。有时可能是针对具体的人和公司联系，有时可以给公司群发邮件，或打电话给某公司，找到相关负责人来聊。有时很难找到愿意跟你谈的人，尤其是当技术还处于很早期的时候，所以要尽可能多的收集信息。有时候一个技术是教授工作了很多年，投入了大量时间和精力的成果，但如果和公司谈不好的话，教授会很失望。所以要尽可能多的跟业界的人士交流，得到多一点的反馈，并反馈给教授，使他们知道市场需要的是什么。有时候只是需要更多的数据，所以问题就成了我们能否得到更多的数据。

对于没有已熟悉的联系人的公司，尤其是当该技术是很具突破性时，和公司重要的首席科学家谈就是很好的方法。但有时候专利或版权对公司来说不太完美，但从大学的角度来讲非常希望将技术授权，这时跟律师联系比较合适。授权就是关于大学和公司之间关系的一件事情。

要特别注意的一点是如果专利很好，但大学技术许可办公室的技术经理无法得到公司的信任，仍然无法达到将专利授权的目的。所以，在介绍技术时，一定要避免不要过分描述该技术，不要夸大该技术的长处及其市场前景。

第二步，非保密谈话。

通过第一步的接触，可能会有一些公司表现出对该技术的兴趣。接下来即可和所有感兴趣的公司进行一个非保密的信息交流。因为感兴趣的公司当中的一部分最终并不会成为授权公司，所以在这一阶段的交流和讨论中，关于该技术的内容，有些信息有必要说，有些信息则不必要说。市场营销工作当中，没有很多的法律条文和普遍要遵循的规则，不像版权和专利这两个领域。但这里是个特例，即在申请临时专利前要保护自己的发明。

附带地，技术许可办公室的工作人员会给所有潜在的合作伙伴发一个公文，该公文是非保密的，并不是针对某个特定公司的。

第三步，保密的谈话。

通过第二步和各个公司的交流，一些公司可能会放弃该技术的授权，也有一些公司被办公室认为不适合成为授权公司，最终剩下的就是对该技术最感兴趣的公司。这一阶段办公室人员会和公司人员进行另一轮会谈，这次会谈涉及的信息是需要保密的。所以办公室通常要求公司和技术许可办公室签订一个保密协议，要求公司同意对信息保密。对技术许可办公室来说，公司能对技术进行全面了解，然后给出很具体的反馈，从而给办公室下一步的工作指出方向。对公司来说，他们可以充分评估，决定是否授权该技术。

从技术许可办公室的立场来看，此时就是申请专利的一个重要时机了，目的是防止公司将信息透露给任何他方。这个协议从一定程度上就像买保险一样，协议是否起作用技术许可办公室很难把握，而且协议的作用不是很重要，因为无论如何都要给技术申请专利。但签协议的另一个作用是看潜在授权公司有多大的诚意，如果公司拒绝签协议的话，说明没有继续合作的意义。

但很多投资者出于各种考虑，无论如何还是不愿意签这个协议，即使这样也没关系，因为谈话时对方记忆的技术方面的信息不会太多。另外，如果有些风险投资人在处理机密信息方面的名誉不太好，慢慢地，他们的机会也就会越来越少。

值得注意的是，在这一谈话中，发明人最好也被邀请进来。因为发明技术的教授是这一技术的专家，技术转移经理本人有可能不是，公司也会带来自己的技术人员。在双方都有专家在场的情况下进行谈话，效果会更好。在谈话之前，我们最好先和教授沟通，确保我们和教授有相同的目标和目的，即使有不同，也要和公司谈之前进行沟通。

第四步，公司的内部分析。

此时，办公室已经和公司建立了严肃的关系。公司此时可能有多重目标，如果他们要在公司内部进行分析，他们可能考虑能否复制我们前期已经取得的成果，或者希望看到我们的模型。其实这里，他们最主要的目的是不让我们把专利授权给其他公司，从而他们有时间对技术进行评估。作为交换，我们通常会得到一些考虑性的补偿，可能会收到申请专利费用的部分返还，或者一次性付款，以延长评估时间。面对这些不同的目标，也就意味着公司面临着若干决定要做。

第五步，授权和产品销售。

当技术许可办公室得知某公司对产品感兴趣时，就需要就接下来要展开的谈判进行准备了。在这一阶段，首先需要术语表，把金融方面和法律方面的术语都列举出来。然后进行术语整理，形成授权合同的初稿，讨论使用的语言。清晰的交流是关键，和公司已经建立的关系也很关键。清晰的交流也包括和教授的交流。要了解教授的期望，有的教授对报酬感兴趣；有的更希望看到他们的研究成果能造福人们，钱不是特别重要，他们希望看到公司能努力推广技术，推向市场；还有的教授希望从公司得到资金，返回实验室，以进行进一步的研究。

接下来就是授权。一旦就所有条款和公司达成协议，即开始执行授权协议，而公司要在协议上签字，确保技术办公室能收到相关资金，如授权金、股票从属协议、保证购买协议等。接下来我们要跟进，以确保公司能按照所协商好的条款进行工作，同时要确保我们授权方做好本职工作。

除了上述的外部营销流程，从更广义上来看，外部的市场营销还包括针对公司以外的公司持股人的营销。比如当地的持股人，州的、地区的甚至联邦的持股人，他们也对公司是否会授权某项技术有一定的影响力。所以，技术许可办公室要告诉相关人员，公司对该项新技术的投资对于当地、州的、区域的、联邦的经济发展有什么益处，以及其他各方面的益处，从而将营销的范围最大化，使利益最大化。

6.4 营销工作面临的挑战

6.4.1 "死亡谷"

如果用坐标图显示，当投入的资金和发展阶段成正比的话，比值最小的时候会出现一个类似山谷的形状。这就是"死亡谷"。

"死亡谷"对每项新发明来说都存在。有时候新技术在发明之初，是有一个目标的，但有时被具体设计出来的产品会和当初的想法相去甚远。原发明的目标和市场的预期间会出现差距，这个差距的大小表明了风险的大小。这一风险是无法被量化的。

在美国，通常会有政府资助的资金或投资人资助的资金来帮助早期研究的进行，但有时研究资金很缺乏，或者没有追加的费用在基础研究进行完之后帮助产品进入市场。在评估一项技术的时候，我们会考虑为什么技术所发展到的阶段很重要，是因为即使一项技术很好，但因为风险太大，或太早期，又没办法找到足够的资金去发展它，从而发现是否能够跨越死亡谷。所以我们面临一大挑战，即能否将技术的发展向前推进，跨越死亡谷，进入下一个能够得到更多资金的安全阶段。

6.4.2　外部资助研究

吸引外部资金来资助学校的研究也是技术许可办公室营销工作的一个方面。外部的资助可以帮助提升学校的科研能力，更多地产生新的研究成果。所以技术许可办公室要做的就是通过引导感兴趣的方面对研究进行资助，但这对技术许可办公室来说也是一项巨大的挑战。

市场营销其实就是一个建立关系和信任的过程，和人们沟通的越多，告诉他们该技术怎样使他们受益，谈判桌上就会得到更好的结果。在发展过程中，公司可能会在几年后发现该技术的一个更好的发展方向，该思路可能不同于发明人最初的设想。所以要克服随后可能出现的这些困难，重要的是建立信任，积累资金。

第七章　美国技术转移相关文件

7.1　概　　述

20 世纪 70 年代，美国制造业逐渐衰退，同时受到日本、德国等国家的有力挑战。进入 80 年代，在经济全球化的时代里，美国开始意识到自然资源的多少已经不能决定经济发展快慢和国家竞争力高低，取而代之起到重要作用的是技术创新的速度，所以为了提高国家工业竞争力，保住其经济霸主地位，美国开始从国家层面上重视技术转移工作，尤其强调和鼓励美国大学和国家实验室向企业进行技术转移，并旨在通过联邦立法来明确并增强政府、大学和研究机构在技术转移中的责任。于是，针对政府资助研究开发(R&D)活动的科研成果商业化程度低的现实状况，美国联邦政府和立法机构进行了一系列的成果管理制度改革，先后制定了一系列法案政策，其最终目标都是为了加速研究成果从实验室走向产业界的过程，加速国家新兴产业的发展，从而促进经济飞速发展。

这些法案政策中最具代表性的统一立法就是国会 1980 年通过的《专利和商标法修正案》，即著名的《拜杜法案》(Bayh-Dole Act)，也称"大学与小企业专利程序法案"，正式名称为 Patent and Trademark Amendments of 1980。《拜杜法案》是一系列法律变迁的起点，仅仅这一部法案还不足以推动技术转移的实现，为了保障技术转移的顺利进行，需要更多的相关措施和法律加以配套补充，于是，美国政府陆续制定了相应的配套政策，并不断对法案进行修订，这些法案包括：

	法 案 名 称	颁布年份
1	史蒂文森-威德勒技术创新法	1980
2	小企业创新发展法	1982
3	国家合作研究法	1984
4	商标明确法案	1984
5	联邦技术转移法	1986
6	里根总统发表的"12591号总统令"	1987
7	国家竞争力技术转移法	1989
8	美国技术优先法	1991
9	小企业技术转移法	1992
10	国家技术转移与促进法	1995
11	技术转移商业化法	2000
12	合作研究与技术促进法案	2004
13	美国竞争法	2007

7.2 《拜杜法案》及其补充文件

《拜杜法案》为新时期美国的大学技术转移提供了重要的政策平台，极大地带动了大学技术转移工作的发展，促进了产业技术创新。该法案标志着政府开始作为政策制定者，广泛参与到技术转移工作中来。根据该法案，联邦资助研究的理想结果就是将大学的技术向私营部门技术转移，在必要情况下也可向企业部门进行独占性技术许可，这是《拜杜法案》的关键。法案试图改变大学管理者与教授的关系：作为潜在的专利持有者，大学管理者能够把教授的研究成果转化为便于保护的知识产权；大学教授也能够更好地把研究成果看做私有的、有价值的、有许可性的产品，而不必看做是与学术共同体共享的"公共知识"。 因此，《拜杜法案》赋予了大学"知识商业化"的价值理念及任务，积极鼓励大学将科研成果投入市场参与竞争。法案的具体内容参见本书第二章。

1984年的《商标明确法案》(Trademark Clarification Act)是1980年《拜

杜法案》的修订案，其主要目的是为了给非营利性研究机构和中小企业提供更多的研发动力，促进科研成果的有效转化。该法案对《拜杜法案》的修订概括如下：

(1) 规定以实验、开发或研究为目的而接受联邦政府资助的非营利性研发机构或中小企业，可以取得研发成果的所有权，并能够以独占、非独占等方式运用该研发成果。

(2) 联邦政府可以行使介入权(March-in Right)，若取得研发成果的非营利性研发机构或中小企业不积极运用成果，联邦政府便会将该成果授权他人使用。

(3) 规定必须在美国境内生产制造研发成果形成的商品，采用美国工业优先原则。

(4) 允许由承包人运作政府所有的实验室(GOCO)，对于奖励性专利许可拥有决定权。

(5) 允许实验室运行方接受专利权使用费，用于研发、奖励和教育。

(6) 允许私营企业，不论大小均可获得独占性专利许可。

(7) 允许大学或者非营利组织运行的实验室在一定条件下拥有发明权。

(8) 对于实验室管理和运行方所拥有的发明，政府保留世界性的、非专有的、不可撤销的、不需授权使用费的使用权。

7.3 史蒂文森-威德勒技术创新法及其
修正案和补充文件

7.3.1 史蒂文森-威德勒技术创新法

实际上，1980 年出台的《史蒂文森-威德勒技术创新法》(The Stevenson-Wylder Technology Innovation Act)(也称《技术创新法案》)才是美国第一部直接关于技术转移的法律。它授权大学成立产业技术中心，从此开启了美国大学与产业的协同创新组织模式；通过授权部分公共和非营利组织参与市场运作，大学和社会更加紧密地结合在一起，而不再像以前存在明显的界限；同时也鼓励大学积极参与联邦实验室、私营公司之间的三方合作研究协议。总之，该法案明确了联邦政府有关部门和机构及下属的联邦实验室的技术转移职责，即在成果转化中充当的角色，从此，技术转移成为联邦政府相关部门职责中的一部分，并且为相关技术转移机构的设立提供了法律基础。

《史蒂文森-威德勒技术创新法》的主要内容如下：

(1) 规定商务部长应该帮助建立产业技术中心。产业技术中心的职能主要是：开展技术创新的基础研究，改善工程技术教育，扩大职业培训，向小企业提供技术援助和咨询服务；支持大学和企业界之间进行科学技术情报的交流以及小企业的创新应用研究，积极促进科技成果的商业化进程。

(2) 要求在商务部设立产业技术办公室。规定产业技术办公室的职能：确定技术开发和国家技术转移对于产业、就业、生产率、美国的世界贸易额及外国产业部门的影响和作用；确定经济、劳工和其他条件以及产业结构和管理、政府政策等对全世界特定产业部门的技术发展的影响；在产业部门内部和产业部门之间，明确技术需求、问题和机会。

(3) 规定设立国家产业技术委员会。委员会每年负责审查产业技术办公室的工作。

(4) 规定联邦政府技术应用政策。联邦政府在有条件时要将联邦所有或首创的技术转移给州及地方政府或私营部门，从而充分利用国家在研发方面联邦投资的成果，这也是联邦政府始终不渝的责任。

(5) 要求在商务部内建立联邦技术利用中心。联邦技术利用中心的主要职能如下：

① 协调联邦实验室内的研究和技术应用办公室的活动。

② 作为技术情报交流中心，收集、传播和转让可能应用于州和地方政府及私营产业的有关联邦所有或首创技术的情报。

③ 利用国家科学基金会和现有的联邦实验室技术转让协会所提供的专门知识和服务。

④ 受州和地方政府的委托，向适当的联邦实验室提交需要技术帮助的请示。

⑤ 向联邦实验室提供资金，以便联邦实验室提供所规定的帮助。

(6) 规定在每个联邦实验室设立研究和技术应用办公室(Office of Research and Technology Applications，ORTA)。办公室主任由总统根据参议院的建议批准任命。年度总预算超过 2000 万美元的实验室应在该办公室中至少安排一名专业人员作为专职人员，其职责如下：

① 为该实验室所从事的、具有在州和地方政府或私营产业成功应用潜力的每个研究和开发项目准备一份应用评估报告。

② 提供和传播联邦政府所有或首创产品、方法和服务的相关信息，以便各州和地方政府及私营产业采纳。

③ 与联邦技术利用中心和其他相关组织密切合作，提供技术援助，并促进技术创新成果的商业化进程。

④ 按照州和地方政府的请求提供专门技术援助。

(7) 规定联邦实验室技术转移活动的专项预算。要求每个管理或指导一个或多个联邦实验室的联邦政府机构，应提供不少于该机构研究开发总额预算的 0.5% 的费用，以支持该机构及其实验室的技术转移工作，包括支持研究和技术开发办公室的工作。以后会调整该专项预算的比例以保障经费充足。

(8) 用于技术创新的资金来源主要是国家财政拨款、金融机构的贷款、各企业的自筹资金和国内外各种机构与组织的赠款。国家财政拨款主要由商务部长根据个人或研究机构所提交的申请划拨，作为企业、政府研究机构、联邦实验室以及高校的研究与开发费用。自筹资金主要来自按销售提成的技术开发费用和国内外各类机构提供的援助资金等，主要用于各机构的教育培训或研究活动。

(9) 授权商务部、联邦实验室、国家产业技术委员会和国家科学基金会参与联邦技术利用中心和产业技术中心的各项活动。授权商务部长和国家科学基金会接受来自国内外各种机构和组织的资助，用于各中心的各项活动，同时对商务部长在各财政年度授以拨款的限额也做了具体的规定。

(10) 设立国家技术奖。由总统授予在技术创新和技术人才培养方面有突出贡献的个人或企业。

(11) 规定由商务部和国家科学基金会共同制定人员交流计划，促进学术界，企业界、联邦实验室的科学技术人员的交流。

7.3.2 联邦技术转移法

1986 年出台的《联邦技术转移法》(Federal Technology Transfer Act)是《史蒂文森-威德勒技术创新法》(1980 年)的补充性法案。该法案名称体现了权威性。根据法案，国家鼓励在联邦实验室与工业界间建立联邦实验室技术转让联盟，作为全国性的技术转移机构，促进合作研发，推进技术转移工作的发展，并且提供资助机制保证其开展工作。该法明确技术转移工作是所有联邦实验室雇员的职责，并被作为人事绩效考核的重要指标。该法案修正了《技术创新法》，明确授权联邦实验室可以同其他机构签订合作研发协议，从法律上为联邦实验室和私营部门之间的合作伙伴关系建立了基本框架。

《联邦技术转移法》的主要内容如下：

(1) 在商务部建立并且根据规定运作专门的技术管理部门——国际技术和标准机构(NIST)、国家技术信息中心(NTIS)和技术政策办公室(TA/OTP)。

(2) 规定国家技术信息中心的权限和职能。规定每个联邦执行部门或者代理机构的负责人要起到联络人的作用，及时将联邦政府资助的研究与开发活动信息传递给企业界和学术界，并且将州和地方政府以及联邦政府机构的非保密的科学、技术和工程信息传递到国家技术信息中心。

(3) 要求商务部长帮助建立合作研究中心。

(4) 明确规定联邦政府、国家实验室以及工程技术人员在技术转移中的责任。

(5) 规定每个联邦实验室都应设立研究和技术应用办公室(ORTA)。要求每个有 200 名或更多的专职科学、工程和有关技术人员的联邦实验室应为研究和技术办公室提供一名或若干名专职专业人员。应把在研究和技术应用办公室任职的人员选拔列入所有的实验室、联邦机构的管理发展方案，以确保高水平的技术管理者充分参与技术转移过程。

(6) 要求建立联邦实验室联盟(Federal Laboratory Consortium，FLC)。该联盟的主要工作如下：① 从事技术转移支持工作和培训工作；② 促进联邦实验室的研究部门和技术应用部门之间的交流与合作；③ 作为技术交流情报中心，处理实验室收到的来自州和地方政府的机构、企业、非营利组织(包括大学)、联邦机构和实验室以及其他个人的技术援助请求；④ 规定每个联邦实验室将得到联邦预算的 0.008% 转给 FLC，用于执行规定的活动；⑤ 联邦政府机构以及联邦实验室的负责人要提供对 FLC 的额外支持。

(7) 开放联邦实验室，批准联邦实验室参与和其他联邦政府机构、州及地方政府单位、工业组织(包括公司、合作企业、有限合伙企业和工业发展组织)、公共和私人基金会、非营利组织(包括大学)，或者其他人(联邦政府机构拥有发明许可证的人)的合作研发项目，并签订合作研发协议(CRADAs)。协议适用于政府所有且为政府管理的 GOCO 实验室，但不适用于为政府所有但由委托大学或私营机构管理的 GOCO 实验室。

(8) 允许 GOCO 与其研究伙伴交换和共享实验室的人事、服务和仪器设备。

(9) 允许 GOCO 实验室主管在得到联邦政府机构授权的情况下，签署合作研发协议和就专利许可协议进行谈判，但需要保证联邦政府机构的审查权。

(10) 允许 GOCO 实验室主管在共同合作研发协议中放弃实验室的发明权和其他知识产权，可将合作研发所产生的专利授权给企业使用。允许实验室和企业就 CRADAs 产生的专利所有权和许可权进一步达成协议。

(11) 在美国本土生产产品的美国企业具有获得技术的优先权。

(12) 规定对科学、工程、技术人员或联邦机构的奖励。获得奖励人员应具备如下条件：

① 因商业利用或因其有助于完成联邦机构或政府的使命，而对美国有价值的发明人、创新者或者其他杰出的科学或技术的贡献者；

② 促进联邦政府内科学和技术发展成果的国内转让，并使得这种科学和技术为美国商业、大学、州和地方政府或其他非联邦当事人所应用的人员。

(13) 明确技术转移收益分配比例。规定联邦实验室雇用的科研人员，对于职务发明专利的技术转移收入，其个人提成所得不少于 15%。但除总统特许外，每年不得超过 10 万美元。

(14) 允许现任和离任的联邦雇员从事商业化活动，前提是没有任何冲突。

(15) 设立国家质量奖。通过有效的质量管理而提高商品和服务质量的公司或其他组织，只要他们为美国的经济和社会安定做出了贡献，总统将定期给予奖励。

(16) 可以使用合作中间人。合作中间人是指各州及地方政府的代理机构，或者全部、部分由州和地方政府租用、提供资金、经营管理，或代表州及地方政府的非营利机构。对需要帮助的小型企业，或者利用联邦实验室的相关支持，合作中间人将提供技术帮助、咨询、建议、评估及合作。

(17) 要求商务部编制优先发展的关键性产业发展计划和报告。

(18) 设立国家质量委员会。

7.3.3　国家竞争力技术转移法

《国家竞争力技术转移法》(National Competitiveness Technology Transfer Act)(1989 年)是 1980 年《史蒂文森-威德勒技术创新法》和 1986 年的《联邦技术转移法》的补充性法案。这一法律进一步明确了技术转移的任务，并将技术转移上升到提升国家竞争力的高度来认识。它对共同合作研发协议(CRADAs)的使用进行了增补，授权大学管理的联邦实验室(GOCO)可以和私营企业签署"合作研发协议"，具体操作方式与 1986 年《联邦技术转移法》中对 GOGO 联邦实验室的规定相同。"合作研发协议"允许私营公司从大学运作的联邦实验室中选择有市场价值的研究成果，并为私营部门通过与科学家合作将产品投放市场提供了机会；反过来，大学运作的联邦实验室可以通过许可和版税协议获得收益。与此同时，许多大学(不包括联邦实验室)也开始模仿"合作研发协议"，加强大学与产业研究人员的研发合作。另外，为了确保 CRADAs 的商业性，法案规定不得向第三方公布由 CRADAs 产生或带入的信息和创新技术。

7.3.4　国家技术转移与促进法

1996 年，美国又推出《国家技术转移与促进法》(National Technology Transfer and Advancement Act)，是 1980 年《史蒂文森-威德勒技术创新法》

和 1986 年的《联邦技术转移法》的修正案。根据法案规定，参与"合作研发协议"的公司可以获得充分的知识产权，在促进研发成果商业化过程中充分发挥作用，实验室人员可以参与自己的发明的产业化过程，发明人在联邦政府放弃发明权时可以获得发明权。

《国家技术转移与促进法》的主要内容如下：

(1) 该法保证，将给与美国企业充分的知识产权，以加快与联邦实验室签署合作研发协议(CRADAs)所产生专利的商业化进程，并允许非联邦政府合作伙伴选择独占或者非独占的专利许可，在事先商定的领域内使用CRADAS 合作研究产生的专利。

(2) 采取激励措施来实现 CRADAS 中新产生技术的快速商业化，确立了加快 CRADAS 谈判的指导方针。

(3) CRADAS 伙伴可以保留由其雇员单独取得的发明权，同时许可政府在全世界范围内都拥有此发明的使用权。

(4) 修订了对联邦科学家在 CRADAS 下开发可市场化技术的奖励规定，将每年每人从联邦实验室获取的专利权使用费中获取奖励的上限从 10 万美元增至 15 万美元。

7.4　小企业技术创新进步法

《小企业技术创新进步法》于 1982 年颁布实施。该法的目的是通过鼓励小企业技术创新，参与联邦实验室的项目研究，使小企业成为促进联邦科研成果转化的主要力量之一，达到利用企业的技术力量满足联邦政府研究开发工作及商业市场的目标。

《小企业技术创新进步法》的主要内容如下：

(1) 设立小企业技术创新基金(SBIR)，要求政府机构对与其任务相关的小型企业研发提供资助。

(2) 要求凡年度研究和开发费用在 1 亿美元以上的联邦政府机构，按一定比例向中小企业创新基金(SBIR)拨出专款；

(3) 凡年度研究与开发经费超出 2000 万美元的单位，每年向小企业确定科研项目。

7.5 其他文件

下面介绍一些与技术转移相关的文件。

1. 国家合作研究法

1984 年的《国家合作研究法》(National Cooperative Research Act)和其 1993 年的修正案《国家合作研究生产法》改变了以《反托拉斯法》限制企业间合作的传统规定，转而允许若干企业共同从事同一个竞争前研发项目，特别是建立战略研究合作伙伴关系，从而建立了由若干大学和产业界组成的技术转移联盟，促进了战略研究合作伙伴关系的形成和发展，增强了企业研究开发能力。1985—1994 年，美国企业组成了 450 个合资研究企业；1995 年新成立了 115 个合资研究企业；1998 年则有 741 家合资研究企业注册登记。同时，美国企业还与外国企业建立技术联盟，数量由 1980 年的 118 个上升到 2003 年的 491 个。另一方面，突破以往"竞争前阶段"合作的限制，美国国家科学基金会、国家标准与技术协会等机构广泛开展联邦研发机构、大学与企业之间的对话与合作，提高技术产业化速度。

2. 12591 号执行令

1987 年 4 月 10 日，里根总统的《12591 号执行令》进一步加强了《拜杜法案》及配套政策的实施，确保联邦部门和国家实验室帮助大学扩建技术基地，将大学研究实验室的新知识转化为新产品开发。

3. 综合贸易与竞争法

《综合贸易与竞争法》于 1988 年 8 月 23 日由里根总统正式签署颁发，其目的也是为了促进大学政府研究机构与企业进行合作。该法指出：提高企业竞争力的一项主要措施就是提升技术转移。该法强调非营利组织与私营企业有必要共同合作来充分利用科研成果和资源。该法案将属于美国商务部的国家标准局改名为国家标准与技术研究院(NIST)，并委托其管理联邦实验室技术转让联盟，扩大其技术转移的职能，组织研究机构和企业共同实施"先进技术计划"，通过设立区域制造技术转移中心，向中小企业推广应用政府资助的制造技术项目。

4. 技术转移商业化法案

美国在 2000 年修订的《技术转移商业化法案》规定联邦政府机构可就其拥有的发明进行独占或部分独占的许可；增加了中小企业优先条款，技术转移申请人若为中小企业，且其技术商业化能力等于或优于其他企业者，联邦机构需优先将研发成果授权给中小企业；特别赋予白宫科技政策办公室审查技术转让程序的权限；规定联邦实验室必须提交机构进行成果转化的绩效报告，报告中需包含政府设定的用于评价科技成果转化经济效益和学术效益的各类指标的数值，政府通过统计分析，对实验室的科技成果转化工作进行监督和评测。

5. CREATE 法案

2004 年的《CREATE 法案》，即《合作研究与技术促进法案》(Cooperative Research and Development Agreements)进一步加强了政府、产业和大学之间的研发资助合作关系。该法案通过声明合作研究成果不会被视为先有技术(prior art)从而妨碍相关专利的申请，鼓励校企之间和企业之间的研发合作，这样校企之间在进行信息分享时就毫无后顾之忧，无需担心专利权益受到损害。

通过不断制定和修改完善，30 年后在美国形成了较为完整的技术转移法律体系，完善的技术转移法律体系强有力地支撑着美国技术转移工作的健康发展，直接促进了美国中小企业技术创新和经济的繁荣发展。尽管有许多技术转移政策并不是专为大学而制定的，但这些政策激发了各大学内部利益相关者(管理者、教授和相关专业人员)网络的形成。在此激励下，他们开始制定技术转移政策，成立技术转移办公室等，加强大学与产业之间合作研发和技术转移活动，从而使得大学与新经济体之间的联系更加紧密。在遵循这些法规的基础上，许多大学都制定了各自的更有针对性和操作性的政策。其中麻省理工学院(MIT)较新的技术政策《MIT 技术的所有、发行和商业化指南(2004)》对由 MIT 的教师、学生及参与 MIT 项目的其他人所开发的技术的所有权、发行及商业化做了具体规定，还对 TLO、OSP 的职责做了规定，为这些机构的运转提供了明确的行动指南。

7.6 我国技术转移相关法律法规和政策

20世纪80年代起，中国科学技术体系开始逐步进行改革。改革的核心就是促进科技与经济、社会发展紧密结合，加速科技成果转化，充分发挥科技第一生产力的作用。随着90年代科教兴国口号的提出，我国对大学的技术转移也越来越重视，但总体来说，我国在这方面的工作尚处于起步阶段。通过借鉴美国的经验可以发现，完善的技术转移法律体系一直以来强有力地支撑着美国技术转移工作的健康发展，直接促进了美国中小企业技术创新和经济的繁荣发展。所以，从20世纪90年代，我们就开始制定和技术转移相关的法律法规和政策，来为我国技术转移工作的发展保驾护航。虽然现行的和技术转移相关的法律体系仍尚未成熟，大多都是原则性的规定而无相应的具体实施制度与机制，但也指明了"产学研"结合发展的大方向在促进大学科技成果转化的制度环境方面起到了很大作用。以下所列就是我国已出台的一些技术转移相关法规政策文件：

	法 律 法 规	颁布年份
1	中华人民共和国专利法	1987
2	中华人民共和国技术合同法	1989
3	中华人民共和国科学技术进步法	1993
4	关于进一步培育和发展技术市场的若干意见	1994
5	中华人民共和国科研成果转化法	1996
6	技术经济人资格管理办法	1997
7	高等学校知识产权保护管理规定	1998
8	合同法	1999
9	关于促进科技成果转化的若干意见	1999
10	中共中央、国务院关于加强技术创新，发展高科技，实现产业化的决定	1999
11	技术合同认定登记管理办法	2000

12	关于大力发展科技中介机构的意见	2002
13	关于充分发挥高等学校技术创新作用若干意见	2002
14	关于国家科研计划项目研究成果知识产权管理的若干规定	2002
15	中华人民共和国中小企业促进法	2002
16	关于实施科技规划纲要增强自主创新能力的决定	2006
17	国家中长期科学和技术发展规划纲要(2006—2020)	2006
18	关于加快技术市场发展的意见	2006
19	国家技术转移促进行动实施方案	2007
20	企业所得税法	2008

下面对表中部分法规文件作一简单介绍。

(1)《中华人民共和国专利法》(1987)及其《实施细则》所确立的专利制度和职务成果制度,为保护发明创造提供了最主要的法律手段,也为保护科技成果的产权奠定了基础。《中华人民共和国著作权法》及其《实施细则》明确了科技作品的保护手段。《专利法》、《著作权法》与《计算机软件保护条例》、《集成电路布图设计保护条例》、《植物新品种保护条例》等法律法规一起构成了我国的知识产权保护体系,为产学研结合创新中的知识产权归属与利益分享机制的形成提供了制度支持与保障。

(3)《中华人民共和国科学技术进步法》(1993)指出了国家建立和发展技术市场,推动科学技术成果商品化。

(5)《中华人民共和国科研成果转化法》(1996):国务院和地方政府将科技成果转化纳入国民经济和社会发展计划,并组织协调实施科技成果转化;科技成果完成人应享有不低于 20%的技术转移收入;国家用于科技发展的经费应有一定比例用于科技成果转化,主要用于转化的引导资金、贷款贴息、补助资金和风险投资以及其他相关用途;允许将学术研究机构、高等院校的成果转化权下放至各单位及个人,以鼓励研究与开发,推广并加强保护全体教师和研究人员的研发成果,促进研发成果商业化。

(7)《高等学校知识产权保护管理规定》(1998):规定利用学校条件产生的技术成果(包括发明)属职务技术成果,使用权和转让权归学校所有。

(8) 1999 年新《合同法》吸纳原有的《中华人民共和国技术合同法》，将其归入第十八章"技术合同"，其中，有关技术开发、技术转让、技术咨询、技术服务合同的规定适用产学研组织之间技术交易。产学研结合中的契约制度得到了进一步完善。

(9) 科技部、教育部等七部委《关于促进科技成果转化的若干意见》(1999 年 3 月)：除另有约定外，技术入股可占注册资本的 35%；科研机构、高等学校的技术转让收入免征营业税；设立科技型中小企业技术创新基金。

(10) 《中共中央、国务院关于加强技术创新，发展高科技，实现产业化的决定》(1999)：高等学校要充分发挥自身人才、技术、信息等方面的优势，鼓励教师和科研人员进入高新技术产业开发区从事科技成果商品化、产业化工作。支持发展高等学校科技园区，培育一批知识和智力密集、具有市场竞争优势的高新技术企业和企业集团，使产学研更加紧密结合。

(13) 《关于充分发挥高等学校技术创新作用若干意见》(2002)：推动高校成立技术转让机构，鼓励运用专利许可、技术转让、技术入股等各种方式推进高校所开发技术的扩散应用。允许高校遵照国家相关政策规定，自主制定有关鼓励技术发明、转让的规定，以调动高校师生从事科技创新的积极性。鼓励和支持高校师生兼职创业，处理好相关的知识产权、股权分配等问题，处理好兼职创业与正常教学科研的关系。

(14) 科技部和财政部共同制定的《关于国家科研计划项目研究成果知识产权管理的若干规定》(2002)指出国家授予科研项目承担单位对其科研项目研究成果及形成的知识产权可依法自主决定实施、许可他人实施、转让、作价入股等，并取得相应收益。

(15) 《中华人民共和国中小企业促进法》(2002)中规定了中小企业的技术创新，突出了在产学研结合创新过程中中小企业的地位和作用。第 31 条规定"国家鼓励中小企业与研究机构、大专院校开展技术合作、开发与交流，促进科技成果产业化，积极发展科技型中小企业"。

(20) 《企业所得税法》(2008)是关于支持技术转移的相关税收政策。

第八章　美国技术转移经理人手册

美国《技术转移手册》是向 ATUM 会员在线免费提供的，其内容在线更新，供会员随时随地在线浏览并下载。非会员可以在线订阅此资源。这本手册收录了资深律师、主管级别的技术转移专家和受到好评的技术转移顾问所撰写的文章，提供了许多实际操作方法，因此可以说这本手册对于各种经验水平的技术转移工作人员来说都是无价之宝，无论你是新手还是资深专业人士。无论你需要什么问题的解决方案，比如说需要制定利益冲突政策但是无从下手；需要雇用专利律师；或是因为使用了电子跟踪系统而被指控；或是你有了新雇员，想要在短时间内通过培训帮他熟悉业务；或者遇到了高校技术转移典型问题……都可以在手册中找到想要的答案。

关于《技术转移手册》，纽约洛克菲勒技术转移办公室助理副校长 Kathleen Denis 博士说："技术转移实践手册对于小型大学技术转移办公室、大型大学技术转移办公室，以及任何想要了解大学业务开展方式的企业来讲，都绝对是不可或缺的。"

AUTM 技术转移手册编辑、比奇洛海洋科学实验室 Mark Bloom 说："技术转移实践手册旨在成为大学技术转移领域最顶尖从业者智慧的宝库，并且可以作为论坛提供各种信息来解决和该职业相关的问题……技术转移手册编委会将会积极投入此项事业……"

《技术转移手册》第三版于 2014 年 8 月 22 日出版，根据不同主题分为四卷，每一卷都包含相关专业人员撰写的文章，介绍他们在这个行业中就某一方面所积累的经验，使得手册使用者受益匪浅。这四卷分别是：

第一卷　技术转移的相关法律和规章制度

第二卷　技术转移办公室管理

第三卷　发明披露、审查及保护过程管理

第四卷　技术转移特殊案例或复杂案例解决方案

8.1　技术转移的相关法律和规章制度

"技术转移的相关法律和规章制度"卷涉及技术转移判例法和法律问题的基本法则。

第一部分介绍了相关法律法规，主要内容如下：

(1) 技术转移相关法律法规发展历程；

(2) 拜杜法案；

(3) 斯坦福对抗罗氏，最高法院明确知识产权归属；

(4) 在美国境外申请专利；

(5) 版权保护；

(6) 和高校技术转移相关的反生物恐怖活动法规；

(7) 世贸组织和知识产权。

法律法规卷的第二部分介绍了新兴法律体系，收录有联邦劳资裁定协议下的技术资料和计算机软件权利与义务及国家主权豁免权和技术转移。

法律法规卷的第三部分是判例法，提到了 Madey 诉杜克大学案、其他对大学研究有影响的专利问题以及掩盖工程和半导体。

8.2　技术转移办公室管理

"技术转移办公室管理"卷分为四大部分：技术转移办公室的管理；寻找、留住和培养工作人员；资料记录管理及记录保存；技术转移相关政策。

这一卷里收录的文章按照这四大类从各个角度阐述了如何使技术转移办公室得到更好的发展。

8.2.1　技术转移办公室的管理

"技术转移办公室的管理"部分的内容由五章组成。

第一章标题为《高校和非营利机构的技术许可和技术转移理念》。这是一篇 AUTM 2005 年主席 Mark Crowell 撰写的文章。作者在文章中提到了在他进行高校技术转移工作的 18 年过程中所见证的大学技术转移实践和理念的显著变化，并且提到了在高校和非营利机构进行技术许可工作时必须关注的技术转移功能和原则。内容概括如下：

(1) 为了进行合理的知识产权保护，对发明创新进行评估是技术转移办公室的基本功能。

(2) 作为利用政府研究资助来进行知识产权管理的机构，大学技术转移办公室有责任严格遵守《拜杜法案》来管理美国的技术资产。

(3) 大学技术转移办公室可以从各个不同层面来进行技术资产的评估。

(4) 所有大学都不允许被授权者阻止或改动研究人员即将出版的出版物。

(5) 大学技术转移职业成熟与否的指标之一就是大学技术许可工作人员在对知识产权资产进行适用领域技术许可时的操作技能。

(6) 技术转移工作最基本的理念就是要将技术资产许可给能够最大程度实现该发明的发展和商业化的合作伙伴。

(7) 技术转移工作人员针对许可证协议中工作进展期限进行认真协商，即技术发展里程碑。

(8) 在管理 IP 资产时，大学要确保作为研究工具的发明或者有可能去推动基础研究发展的发明能够在学术机构和非营利机构中得到最广泛和最大程度的利用。

(9) 在全球健康、公共卫生、孤儿领域中的应用。

第二章就怎样构建技术转移办公室来满足不同目标和环境的需求提供了各种各样的引人深思的观点。总体来讲，这里收录文章的作者都是资深的技术转移专业人士，代表着公立或私立大学、大型或小型办公室，就不同大学中遇到的战略问题提供了他们的观点。首先，这些文章都表明了技术转移办公室的首要任务是促进大学和私营机构之间的交流。另外，所有的技术转移办公室都要提供服务、创造收入并且遵守相关规章制度；然而，不同的办公室都在以不同的方法来履行着三种使命。最后，这些专业人士都举例说明了技术转移办公室都在随着目标和环境的变化而发展。

第一篇文章题为《作为业务部门的技术转移办公室》，是以匹兹堡大学为例。匹兹堡大学从事技术许可、知识产权管理和教育的技术转移办公室被建立成了有着特定目标的业务部门——"为大学知识产权寻求合理的市场价值……为了大学、教职员工和社会的利益。"在这种模式下，匹兹堡大学强调了对某项技术市场价值的评估，并和潜在被许可者进行协商来获得市场价值。文章详细介绍了该技术转移办公室评估技术的过程以及办公室是怎样选择最有发展前途的发明来进行专利申请的。

第二篇文章题为《大型公立大学的技术转移管理：加州大学洛杉矶分校》，讨论了加州大学洛杉矶分校(UCLA)的技术转移操作过程。加州大学洛杉矶分校从属于一个庞大的公立大学体系，本身也是一所大型公立大学。加州大学在实现收入、服务和遵守制度这三个目标时，明显偏向于服务。UCLA 技术转移办公室由"六组相互不同，但又和谐的专家"组成。这些专家分别负责授权许可、业务拓展、专利管理、市场营销、材料调拨和行政管理。UCLA 项目值得注意的一点是，他们鼓励业务拓展人员去和有可能为满足市场需求而提供可行方案的领域中的主要教职员建立良好关系，一旦确认机会，就会向技术许可人员提出该项目来落实协议。

第三篇文章题为《中型私立大学标新立异的技术转移》，讲述的例子是一所私立大学的技术转移办公室按照"致力于发展每个技术披露的价值定位的混合模式"来建立。维克森林大学的技术资产管理办公室的非典型性在于它是向大学的财务管理部门汇报而不是常见的向研究管理部门汇报的机制。维克森林大学对自己的营利性质的全资子公司——种子期公司(SSA)的使用是很特别的一点。这个营利性机构从外买入技术专利，这些技术需要进一步开发以及相关的专家意见来实现商业利益，而不是仅仅需要注资。另外，SSA 也会提供高度定制的服务，比如给北卡罗来纳州没有设立技术转移办公室的学校提供技术转移咨询。

第四篇文章题为《华盛顿大学的技术转移部门：公立研究型大学的内部技术转移办公室》，提供了有关在大型的、独立的公立大学进行技术转移操作的观点。华盛顿大学技术转移办公室是大型办公室，分为四个单元：发明授权、电子商务、政策和策略制定以及金融商业运作。华盛顿大学在授权软件和电子资产领域一直处于领先地位。该办公室的定位是成为服务性机构，强调向校园其他部门的业务拓展、和当地企业以及商业组织的交流、授权交易的完备来保证技术被有效地转移到商业应用当中。

第五篇文章题为《弗吉尼亚大学专利基金会：以服务教职员利益为本的、利用交易为本模式操作的中型技术转移基金会》，提供了一所中型技术转移机构的观点。该机构利用交易为本的模式，以服务教职员工利益为目标。弗吉尼亚大学专利基金会采用的交易为本模式在专利申请和市场营销间选择了市场营销，只有在找到被许可者的时候才会申请专利。弗吉尼亚大学专利基金会成立于 1978 年，是独立于学校的非营利组织。该基金会和弗吉尼亚大学之间形成了一种契约关系，大学向基金会提供发明，基金会对发明进行评估、保护、授权以及收益分配服务。作者分析了独立基金会结构的优势，并且提倡此模式，认为相比传统的州立大学内部的技术转移办公室，此模式可以给决策过程和人员雇用带来更多的灵活性。

最后一篇文章题为《中型技术转移办公室的管理》，评论了一所公立大学的中型技术转移办公室。作者讨论了爱荷华大学在专利许可方面采用的任务优先级制度：遵守相关法律、最大化实现公众利益、创造并保留研究机会，以及"不要在金钱面前无动于衷"。这个任务优先级制度体现出爱荷华大学技术转移办公室相比创收更偏重制度遵守和服务任务，也例证了技术转移办公室的活动应该在很大程度上受法律的约束。

第三章只有一篇文章，题为《管理通过技术授权许可获得的股权》，讨论了技术授权协议中股权管理要考虑的问题。了解这些问题并且知道如何处理这些问题都会帮助实现实际的净资产收益率；如果处理不了这些问题就会带来巨大的损失。

在第四章中，题为《如何管理与校内外利益相关者的关系》一文详细阐述了对技术转移办公室使命、优劣势的理解，突出强调了管理技术转移办公室和人员雇用时采用以服务顾客为本方式的重要性。作者观点基于能够给所有利益相关者提供全面答复的人员的需求，她的分析提供了一把标杆来评价每个人在团队中的角色，并且可以作为技术转移团队中高效人员所需技能的指南。

8.2.2 寻找、留住和培养工作人员

"寻找、留住和培养工作人员"部分包括第六章和第七章。

第六章有两篇文章。

第一篇文章题为《技术经理的招募和保留策略》，在第五章的基础上结合西联创新网络的技术商业化实习生项目的招聘经验，提供了和技术转移行业相关的人才招募和保留策略。文章先以西联为例，研究了在招募新成员时分析现有成员和新员工技能和优点的重要性，包括沟通能力、创新能力、销售技巧(服务顾客技巧)、建导技巧、多任务处理技能、技术专长以及团队合作精神；接着为成功的招募提供了指导方针，包括改进职位要求说明、面试问题、面试过程、面试评分机制和最终决定过程；最后文章讨论了留住人才的策略：

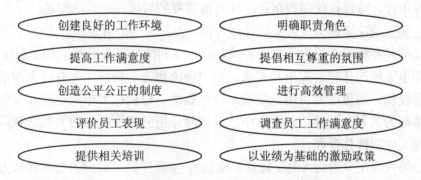

第二篇文章题为《许可人员的职业发展和提升》，讨论了技术许可人员培训和职业发展相关问题。其中探讨了职业发展的必要性，并且提供了职业发展的方法和资源。

第七章题为《大型和小型技术转移办公室的管理》，讨论了建立和管理小型技术转移办公室和大型办公室的不同点和相似点。该文章讨论的小型技术转移办公室从事技术转移工作的雇员不到三名，所有全职雇员包括支持人员少于五名。在讨论这两种办公室的过程中，文章探讨了管理这两种办公室需要的投入(比如说使命、目标、预算、研究和方法)以及如何组织小型办公室。另外，文章也研究了预期输出(比如收入、服务和经济发展)以及这些输出给该组织带来了怎样的影响。

8.2.3 资料记录管理及记录保存

第八章构成了该卷的第三部分。

第一篇文章题为《资料管理》，探讨了技术转移操作人员得到最及时、最准确资料的过程和方法，这些资料可以帮助他们做出明智决定。该文章旨在向技术转移办公室就如何高效管理资料提供指导方针。

第二篇文章题为《许可证协议监管》，是关于对专利许可证协议的管理。

第三篇文章题为《管理档案文件以改善技术转移办公室的工作流程》，是围绕文件管理展开的，其中提到了一些最新的有效方法，包括无纸化办公和射频识别技术。

第四篇文章题为《监管许可证协议财务执行情况和审计工作》，讨论了许可证协议的财务执行和审计管理，重点探讨了以下几个话题：协议语言，案卷审计，特许权使用费审计，还有最重要的与被许可者的沟通。

第五篇文章题为《与专利律师合作，管理专利申请过程》，讨论了与专利律师和专利申请过程管理的相关问题。专利律师部分提到了对专利律师/律师事务所的选择、雇用和要求。在申请流程方面提到了先有技术搜索、信息提供、避免过期费用、质疑不合理收费、检查权力申请草案、发明者和律师的关系。另外，该文章中还提到除使用外部律师外的其他选择以及专利文件和核算管理。

第六篇文章题为《电子管理和跟踪》，主要探讨了如何为技术转移办公室选择合适的电子管理跟踪系统，除了成本和预算这些重要因素，技术转移经理在选择电子管理跟踪系统时还会考虑到其他因素，包括使用范围，以及用该系统的目的、系统功能等。文章还提到了自制还是购进系统以及系统管理和维护。

最后一篇文章题为《大学技术转移办公室文件档案保存》，探讨了大学技术转移办公室文件保存的相关问题。

8.2.4 技术转移相关政策

"技术转移相关政策"部分提供了一些网站供读者了解与该领域相关的政策和协议。这些政策涉及了综合知识产权、机构内利益冲突、软件版权、股权、教职员(客座科学家、学术休假、教职员评估)、物质转换协议、实际研究和研究方法、专利、外部律师、和律师之间的利益冲突、发明者重新拥有发明、特许权使用费分配、文件保存和管理、发起研究、新兴公司和注册商标。这些政策解决了在技术转移工作中所遇到的各种问题，包括谁拥有发明、政策是否适用于学生、对于受版权保护的技术和可取得专利的技术是有不同政策还是具有统一政策、收入分配的概念、发明人是否可以放弃获得特许权使用费、发明者的技术商业化是否还有其他选择、怎样看待股权等，具体参考相关网站。

8.3　发明披露、审查及保护过程管理

"发明披露、审查及保护过程管理"卷探讨了技术转移具体细节，即从知识产权定义到专利要求书上所列人员的确定。该卷由四部分组成：与创新者建立关系、征集和管理发明披露、知识产权的识别和评估、知识产权的放弃。

每一部分都由若干由技术转移专家撰写的文章组成。

8.3.1　与创新者建立关系

"与创新者建立关系"部分有两篇文章。

第一篇文章题为《关键在于发展并维护与发明者的关系》，提到了与发明者建立良好关系的必要性和方式。作者强调要想与发明者建立关系，就必须了解他们，尊重他们，认为能够与发明者建立良好的关系将会给技术转移办公室带来无限的机遇。作者提到的与发明者建立关系的方式有：通过各种渠道接触新的发明者(学生和教职员)，以获得新的发明披露；与已建立关系的发明者保持联系，让他们随时了解有关他们发明的各种进展。在这篇文章中作者提到自己所在学校加州大学的技术转移办公室在与已建立关系的发明者保持联系过程中采用的发明者门户网站(Inventor Portal)，这是一个基于网络的私密系统，提供所有发明披露、申请专利、和申请相关的开支、所有的技术许可以及所有特许权使用费收入的持续性实时现状报告。

第二篇文章题为《南部范式：围绕着技术披露的沟通与交流》，提供了一个技术转移的具体方法，这个方法之前被它的创造者非正式地称作"南部范式"，因为这个方法是在过去的 15 年间由美国南部大学一些技术转移专业人士提出的。好的发明披露可以带来成功的专利申请、有效的市场营

销、技术许可和大学创新发明的传播。"南部范式"就包括积极主动的寻找技术披露和积极的市场营销策略。该文章对主动寻找知识资产来获得更多、更高质量披露的方法进行了详细的描述。技术转移本质上是建立关系的过程，"南部范式"就提供了教职员发明者和技术转移经理之间良好的高度互动的信息交互流程。文章探讨了"南部范式"的具体策略和过程。在探讨过程时，提供了一个交流日程安排表，项目中包含一些具体任务和预期的对时间劳动的需求，任务都是按时间安排好的教职员工和技术转移经理之间的交流互动。最后，文章还探讨了"南部范式"的优势。

8.3.2　征集和管理发明披露

　　"征集和管理发明披露"部分中的第一篇文章题为《美国大学的发明所有人》，主要明确了发明人的问题和产权让渡的问题。在美国，专利或专利申请中的技术发明者拥有该专利/专利申请的原法定所有权。因为所有权归属于发明者，发明者必须亲自授权原有专利申请。大学对专利/专利申请的所有权来自于发明者的委托并且受限于发明者的所有者利益。联合发明的情况下，每位发明者都对专利申请拥有所有权。

　　第二篇文章题为《创新披露》，介绍了创新披露的概念和创新披露所需提供的信息。创新披露指的是发明者或创新者准备提交给技术转移办公室的文件，用来通知技术转移办公室该项创新的存在。技术转移办公室会在创新披露时要求得到一些基本信息来评估此项创新，包括技术介绍、市场信息、公众披露、资金来源、创新者贡献……当然除了这些基本信息，不同的技术转移办公室还会要求得到不同的额外信息。另外，文章还提到了披露前会议、汇报责任和一些具体问题的解决，最后还有一些创新披露范例表格。

　　第三篇文章题为《可取得专利发明对阵不可取得专利发明：如何评估和决定》，总结了一些与专利性相关的法律以及对新的发明披露进行评估时如何利用这些法律。文章的结尾提供了常用专利术语和相关术语表，列出了本文中使用的术语。

　　第四篇文章题为《确定发明人》。在新的发明产生于校园内时，大学并不拥有这项发明，这项发明的所有人是发明者，因此大学必须从发明者手中获得此所有权。在此情况下，进行技术许可的技术转移办公室就要开展他们的第一项工作——确定发明人。这篇文章为技术转移经理人如何确定发明人提供了指导方针。

第五篇文章题为《根据美国法律确认发明参与人相关问题》，探讨了在大学和医院背景下产生的发明者和所有者相关问题。文章先定义了发明者和相关法律依据，接着讨论了存在潜在共同发明人时可能出现的复杂问题并且提供了一些在此情况下确定发明人的指导原则；另外，文章探讨了发明者和作者之间的区别，以及发明者和所有者之间的区别；最后还讨论了在确认发明人出现错误时如何进行更正。

第六篇文章题为《在美国如何确定所有人》。在这篇文章中，作者深入研究了有关所有人的话题，包括如何确定专利权所有人，共同所有人的权利，确定研究者是否有义务将所有权委托于大学，以及专利权通常是怎样转移给大学的。另外，文章还提到了《拜杜法案》对所有权的影响。最后是一系列的相关结论和建议。文章作者提醒本文意见属于作者个人言论，不代表作者所属单位和客户，也不能成为法律意见应用于各种实际情况当中，并建议在遇到问题或实际情况时咨询专利律师。

第七篇文章题为《确认和管理共同发明》，讨论了共同发明的确认、评估和管理中涉及的问题，并且探讨了技术经理人在这些工作中可能面对的困难。和所有其他披露给技术转移办公室的发明一样，一旦共同发明被确认，就会进行评估和决定来进行发明保护。除了评估单一机构的发明时所采用的标准，在决定是否为某一共同发明时还要考虑其他因素，比如说开支分担和收入分配。

第八篇文章是《受版权保护作品的共同作者和共同所有人管理》。大学技术转移办公室的一项重要任务是去管理大学可能拥有的版权。拥有共同作者和共同所有人的著作带来的问题是不存在于单一作者单一所有人的作品中的。受版权保护的作品可能会有许多参与人，但是并不是所有的参与人都是作者。要确定作者，需要对参与者的参与程度和意图进行具体事实分析。共同所有人通常是由共同作者引起的，但是也有可能有其他的因素。另外，共同所有人会在版权许可和转移中带来一些特殊的问题。技术转移办公室能否有效地管理版权就取决于是否能够解决上述问题。在此背景下，文章讨论了如何确定共同作者以及共同所有人，并且研究了对有共同所有人作品的版权许可和转移，在此过程中还分析了共同所有人情况的形成原因。

第九篇文章题为《日本重点大学的发明管理以及创新意义》，阐述了东京大学的技术管理体系以及以联合研究或资助研究为主导的技术转移重要机制，这样的机制给大型知名公司提供了特权来优先利用大学的发明而限制新兴小公司。

第十篇文章题为《日本的知识产权所有人和大学与产业之间的合作》，同样也是在探讨日本大学的技术转移现状。文章首先回顾了日本产学结合的历史和发展，接着讨论了在日本专利法约束下的专利共同拥有、合作研究协议指导原则、大学有关知识产权所有人的政策以及该领域在未来将会迎接的挑战。

最后一篇文章是《合作中对 CREATE 法案的理解和应用》。这篇文章作者为技术转移专业人士提供了一些实际指导原则，帮助他们将 CREATE 法案应用在大学的常见合作活动中。文章探讨了该法案的适用范围，该法案下的共同研究协议，该法案的潜在优势和带来的潜在风险，制定协议的建议，以及在应用该法案时的相关问题。

8.3.3　知识产权的识别和评估

"知识产权的识别和评估"部分的第一篇文章是《知识产权定义》。知识产权包括但不限于想法、发明、文学作品、化学、商业和电脑程序、公司和产品的名称和标志以及其他创造物。对于多种多样的知识产权，技术转移专业人士应该了解其中的方方面面。知识产权的主要形式有：专利权，用来保护发明；版权，用来保护文学作品、艺术、音乐、电脑程序和其他被安装在有形媒介中的作品；商标权，保护大学和公司产品名称和标志；商业秘密；域名。其中，对大学来说，专利权、商标权和版权是最为重要的。在此背景下，这篇文章详细探讨了这三种知识产权。

第二篇文章题为《美国专利申请中五个起草权利要求书的制胜策略》。虽然对外行来说，要求书总是难以理解，但是它已经成了学术讨论和昂贵的联邦诉讼的源泉。要求书必须要对发明进行说明。有效地起草要求书是和发明披露密切相关的，要求书的内容极大地影响着专有权的效力和范围。本篇文章在此背景下提供了权利要求书的法律背景和重要性，突出了起草要求书的五个方法策略。

第三篇文章是《律师的见解：如何选择并且和专利律师合作》。大学技术转移办公室只有一种商品可以出售——技术。技术的价值在很大程度上受到知识产权保护质量和范围的影响，具体到技术就是专利保护范围。如果权利要求书质量很差，不能够为技术提供充分的专利保护范围，就会失去授权许可的机会或贬值该技术。和机器制造的产品不同，权利要求书是人为制定的——专利律师或专利代理人。所以制定人的能力就会影响到专利权的风格和质量，这就决定了一定要谨慎选择专利律师，他的专利工作将会提升大学获得有利可图的授权许可协议书的机会。就此，这篇文章提出了一些进行选择的指导原则。在进行了选择之后，合作就成了主题词，合作的目的是要保证专利律师能用最合算的方式准备并进行专利申请、提供建议、解决发明人问题、提供授权许可支持并且解决争端，因此文章也探讨了技术转移办公室如何与专利律师进行有效的合作。

第四篇文章是《与外部律师合作：选择，雇用，维护和终结》。如何有效利用外部律师的专业技能，对于大学技术转移工作来说是至关重要的。除了在专利法、商标法和版权法领域提供服务外，外部律师还可以提供与授权许可交易、评估以及新公司建立相关的建议。这篇文章讨论了大学在与外部律师建立可靠合作关系时各个环节中要考虑的因素，另外也讨论了在关系不再和谐时，如何终止合作关系。

第五篇文章是《生命科学领域内的国际专利权利要求书起草》。不同的管辖区域对专利有着不同的规定，而专利申请人已经不满足于在本国申请专利，所以就有必要了解如何在别国进行专利申请来保护自己的发明。这篇文章就美国境外管辖区域内的权利要求支持和权利要求保护范围进行了研究。文章首先总览了各个主要管辖区域(包括欧洲专利公约、日本、中国、澳大利亚和加拿大)的专利要求，由于很难去全面总结各国间的立法区别，文章主要探讨了在这些最受专利申请者欢迎的国家里为医疗技术发明申请专利。接着文章提供了一些针对起草国际专利要求书(在PCT下起草专利申请)的建议。尽管不可能起草一组专利申请不经过修改就能满足所有国家的要求，但至少可以实现在向某个国家专利局提交时只需要进行相对少量的修改，比如说删减不恰当要求。申请人也可以根据想要向哪国提出申请来选择不同的要求书风格。

第六篇文章题为《建立和管理专利组合》，分析了建立专利组合的必要性和方法。

第七篇文章题为《权利要求的有效性和无效性》。美国专利商标局不能评论美国专利的权利要求是否有效，除非有重新申请专利请求、专利行政复议请求或在抵触审查程序中。复议和抵触审查程序是美国专利商标局常见的用来质疑另一当事人权利要求的程序。然而在有些情况下，质疑对自己不利的专利有效性的唯一场所就是法庭。这篇文章探讨了在上法庭前、在法庭上及在法庭外解决权利要求有效性的方法。上法庭前指的是可以使用无效意见书来向对方当事人分析无效权利；法庭上有两种途径：在确认诉讼中担任原告和在侵权诉讼中采取被告身份；法庭外指的是通过国家专利商标局来证明对方权利要求无效的方法。在法庭上部分，作者还提出了判断权利要求无效的依据。当大学可能牵扯到专利侵权诉讼中时，及时认清状况并采取合适的方法将会保护大学的权益或至少降低对大学的负面影响。

第八篇和第九篇文章的共同题目为《版权作品的征集和管理以及版权许可》，都是在探讨版权的问题，涉及版权定义、版权作品定义、技术发明和版权作品的区别、如何征集和管理版权作品、评估市场潜力、版权所有人、版权保护类别、版权所有人权利、版权保护期限、不受版权保护的范围和高等教育机构相关的版权法。

第十篇《软件许可》和第十二篇《开放式软件许可》讨论了有关软件的授权，其中涉及的不仅仅是版权还有专利权，所以软件技术的授权就给大部分大学以专利为基础的知识产权政策带来了极大的挑战。在软件授权中出现的独特问题需要经验丰富的技术经理人来寻找创新性的方式来解决。

第十一篇题为《如果作者出家了呢：积极主动地进行知识产权管理以便在技术转移工作中有更多的选择权》。文章针对还未取得专利的智力资产展开讨论，讨论了如何对这种资产的知识产权和相关权力进行管理来服务于该资产的技术转移。作者认为在创造这些权利的同时就去管理它们，这样高校就可以更关注如何去寻找市场而不是花费时间寻找作者来获得所有权，这样技术转移工作就会获得更高的效率。

第十三篇文章题为《资料库特别权力：一种特殊的知识产权形式》，回顾了资料库特别权利出现的法律历史背景，详细研究了整个权利体系，叙述了欧盟使用此体系的经历、对体系的评价以及国际反响。最后文章针对在资料库特别权力下的协议协商提供了一些建议。

第十四篇文章题目是《大学培育的植物新品种许可》，提到了有关植物新品种的各种知识产权保护，包括委托保管协议、美国专利中的实用专利和植物专利、美国植物物种保护证书、国外的育种家和物种权、商标权以及商业注册。另外，文章还探讨了植物物种许可的实际问题，包括在发布新品种前对知识产权的管理、新品种的发布、新品种发布后的分配、许可方法和与当地产业的关系、许可条款、国际许可以及实施。

第十五篇文章题为《加拿大和美国的植物新品种和新品种技术的保护》，将美国和加拿大进行了比较，探讨了两国之间植物新品种和新品种技术保护方法的相似点和不同点，并且比较了相关法律和规章制度。

第十六篇文章题为《统一的生物材料转移协议：起源和进化》，探讨了生物材料许可的现状与未来。

第十七篇文章题为《专利协议对小型实体的影响》，其内容如题所示。

8.3.4　知识产权的放弃

"知识产权的放弃"部分只有一篇文章，题为《知识产权及相关权利：研究人员加入其他组织时产生的问题》。这篇文章首先提供了两个实例，说明了当研究人员和大学分离时审查两者知识产权的方法。为了避免昂贵的、高调的诉讼，研究人员和大学应该了解他们的相互权利和义务，并且在争端出现前就讨论所有权问题。这些问题的解决方案由具体事实情况以及大学的知识产权政策和其他政策来决定。另外，文章列出了研究人员离开大学时经常会产生的知识产权问题。在研究人员离开之前就解决好这些问题可以避免双方就知识产权所有权和使用方面产生歧义和误解。

8.4 技术转移特殊案例或复杂案例解决办法

"技术转移特殊案例或复杂案例解决办法"卷涉及更深层次的更高等的技术转移和许可话题。如果需要新兴公司的文件示例，需要有关如何进行特许权使用费审计的建议或解决其他一些非典型问题，在本卷就可以找到相关信息。本卷包括三部分：技术转移、授权许可、知识产权/拜杜法案相关话题。

8.4.1 技术转移

"技术转移"部分的第一篇文章为《发明鉴别归类》，讨论了如何将发明进行鉴别和归类。

第二篇文章题为《技术转移顾问》，讨论了技术转移顾问在技术转移工作中的角色，并用"多任务大师"这种说法体现了顾问的重要性。探讨了顾问在整个技术转移工作中的具体工作及给技术转移办公室带来的增值效果(包括顾问的初期评估可以减少办公室不必要的开支，可以帮助了解被许可者的发展前途等)。其中提到了技术转移办公室必须要考虑内部、外部利益相关者，讨论了顾问在这两部分工作中起到的作用。另外，文章也就如何选择顾问公司提供了建议。最后，作者提供了两个案例研究，更直观地体现了技术转移顾问与技术转移办公室的关系。

第三篇文章是《研究工具政策和实践：公立大学视角》。这篇文章目的是给研究团体提供一些实际建议、指导方针和建议用语，以便在传播研究工具实践方面提供帮助。研究人员必须要选择策略，从而在商业化研究成果造福公众健康和向大众广泛迅速传播研究工具以促成进一步研究和发现之间取得平衡。这篇文章提供了 NIH 在内部技术转移活动中和外部资金活动中用到的一些方法策略。文章分为三部分(提供的信息有助于未来的合作研究本着《拜杜法案》精神，带来更快速有效的产品开发而不会妨碍学术研究和进一步研究发现)。第一部分为 NIH 研究工具政策。该部分详细介绍了相关政策，提供了在交易和合作协议中的各种策略和推荐用语。第二部分为 NIH 技术转移实践。该部分讨论了 NIH 技术转移部门和研究工具相关的实践。尽管 NIH 这些内部研究工具实践都分别依据《史蒂文森-威德勒技术创新法》和《联邦技术转移法》(而不是《拜杜法案》)，它们都在为这个领域基于 NIH 内部研究项目大量的研究发明提供了一些实用经验。第三部分为与研究工具相关的 NIH 专利和政策主张，该部分提供了一些例子说明在过去几年间 NIH 就研究工具专利采取的政策主张，这部分突出强调了 NIH 在改进研究工具传播的相关政策方面的不懈努力。

第四篇文章题为《数据安全和隐私》，先提供了一些具体数据来表明数据安全和隐私现状存在极大隐患，接着总览了隐私和数据安全基本知识，探讨了加拿大、欧盟相关法律与美国相关法律的区别。这一总览说明了高校所面对的与教职工有关的、卫生保健工作者面对的与病人相关的、所有组织面对的与他们现有和潜在顾客、雇员、供应商相关的不同方法问题和不同跨界隐私问题。

第五篇《隐秘的技术转移》中提到技术转移可以通过许多媒介来实现，并不是所有的都立刻可见，它并不是只能通过技术转移办公室的传统授权许可来操作。这篇文章提供了一些例子来说明大部分大学也会利用技术转移办公室之外的途径进行此项活动。通过了解这些不同的机制以及它们的工作原理和适用条件，大学技术转移办公室就可以对其加以利用，以便更好的发展技术商业化。

8.4.2 授权许可

"授权许可"部分的第一篇文章是《许可证协议剖析》，详细介绍了许可证协议的组成部分和每部分的功能，并且提出了制定每一部分时的注意事项。另外，在介绍每一部分时，作者都提供了范例，这些范例都来源于斯坦福大学的标准许可证协议。

第二篇文章题为《解决协议条款异议》，为非营利大学或机构与营利性产业合作伙伴协商许可证协议时提供帮助，它解决了一些在协商过程中相对常见的异议。另外，文章也给非营利机构提供了一些处理这些异议的建议，防止它们阻碍协商。作者根据自己的亲身经历总结了一些主题，协商中的异议往往就是围绕它们产生的，每个主题下都提供了一些方法以供读者在解决异议时选择使用。

第三篇文章《转基因老鼠和其他研究工具授权许可：实用指南》的作者认为，研究工具是在研究过程中起辅助作用的试剂，可以是活性物质比如说细胞、转基因动物或者其他诸如 DNA、病毒、带菌者、蛋白质等其他物质。这篇文章主要讨论了对转基因动物进行授权许可来进行内部研究以及将抗体作为产品系列授权许可于某个公司来进行传播。整篇文章就是关于将其他研究工具进行授权许可用于内部研究或销售和传播。附录部分提供了许可证协议样板。

第四篇文章《成功实施商标授权计划》指出，在奥巴马削减教育经费的背景下，各个大学开始寻求更多的收入来源，其中之一就是进行商标授权许可活动，本篇文章就此展开了讨论。

第五篇文章《授权许可收入分配政策和程序》就授权许可收入分配的相关政策和程序提供了一个整体框架，以帮助技术转移专业人员来顺利地开展此项重要工作。

第六篇文章《进行许可证协议特许权使用费审计：注册会计师视角》定义了特许权使用费的审计，探讨了它的作用，以及选择审计对象的依据、审计过程、审计计划设计及审计后的后续工作。

8.4.3　知识产权/拜杜法案相关话题

"知识产权/拜杜法案相关话题"部分的第一篇文章是《专利申请准备和专利申请》，主要探讨了专利权利要求书的细节问题以及专利申请人与专利审查员之间的协商过程。在探讨专利权利要求书的部分，文章提供了权利要求的分类以及权利要求的保护范围和有效性；在协商部分，文章重点强调了专利授予前协商，还提到了禁止反言规则。

第二篇文章题为《研究工具专利》，提供了当前的法律背景，并且讨论了尝试获得执行研究工具专利的意义所在。

第三篇文章题为《专利和其他知识产权捐赠》，探讨了如何去评估专利捐赠和其他知识产权捐赠，以及如何就这些捐赠进行操作。文章提到尽管各国、各州、各地方政府、各个体机构在这一领域的法律法规各有不同，不可能去详细规定操作流程，但总体来说，这个过程分为五步：① 成立专业人员小组并指定捐赠协调人；② 搜集事实、资料，了解情况，做出评估；③ 进行决定(拒绝、接受、提议其他技术转移方法)；④ 就专利捐赠和其他知识产权捐赠进行操作(捐赠者与受赠者就完成捐赠所需文件进行协商、提供文件、制定捐赠协议)；⑤ 捐赠后工作(将捐献协议录入跟踪文件系统)。文章对这五个步骤进行了详细介绍。附录中提供了捐赠协议格式。

第四篇文章题为《库彬案后的研究成果》，着眼于 2009 年 4 月 3 日由联邦巡回法院进行的 In re Kubin 案判决，讨论了研究机构研究成果的商业化，分析了库彬案的判决，讨论了如何为 DNA 技术发明获得专利，学术研究成果如何能为病人利用，以及库彬案判决如何影响 DNA 技术发明的商业化和技术转移。

第五篇《知识产权集群》指出，每所大学都有一些知识产权无人问津，没有机会进行授权许可从而失去价值，知识产权集群的出现就解决了这一问题。这篇文章将知识产权集群分为四类：专利池(专利权人组成的专利许可交易平台)、知识产权束(将若干知识产权结合在一起来增加单个知识产权的价值)、知识产权门户网站、知识产权集结(相似知识产权结合在一起)。文章在介绍每一类集群时都提供了典型的例子来说明这类集群的使用方法，并且为技术转移人员对每一种方法的使用都提供了一些好的建议。

最后一篇文章题为《知识产权和破产法的重叠》，讨论了知识产权和破产法两部法律的关系。

第九章 美国技术案例分享

9.1 抗艾滋病药恩曲他滨(Emtricitabine)技术转移案例

2005 年 7 月 18 日，美国吉利德制药(Gilead)和美国从事专利药权利收购的投资公司皇家医药公司(Royalty Pharma)同意分别按 65% 和 35% 比例支付 5.25 亿美元给埃默里大学(Emory University)，从而一次性买断恩曲他滨的全部专利。此外，吉利德制药还支付 1500 万美元给埃默里大学，获得其他专利，合计 5.4 亿美元的交易。此次交易成为美国大学技术转移的先例，成为自 1980 年《拜杜法案》实施之后，美国大学技术转移最成功的，也是金额最大的一个案例。

恩曲他滨为一种新型的核苷类逆转录酶抑制剂。临床实验结果表明，恩曲他滨用于 HIV 感染病人，有显著的病毒抑制作用；用于乙型肝炎治疗，能降低慢性感染患者的乙肝病毒水平。与第一代抗乙肝病毒药拉米夫定比较，恩曲他滨的毒性较小，其对儿童患者有较好的疗效和安全性。该药于 2003 年 7 月 2 日获得美国食品药品监督局(FDA)批准在美国上市，其商品名为 Emtriva。恩曲他滨抗艾滋病毒的机制是通过与天然的 5-磷酸胞嘧啶竞争性地渗入到病毒 DNA 合成的过程中，最终导致其 DNA 链断裂，从而竞争性地抑制艾滋病毒逆转录酶和 HBV-DNA 聚合酶活性。研究显示恩曲他滨抗病毒活性是拉米夫定的 4～10 倍。

恩曲他滨的发明人是美国埃默里大学(Emory University)的雷蒙德·史

奈兹教授(Raymond Schinazi)、丹尼斯·里欧塔教授(Dennis Liotta)和吴白蔡教授(Woo-Baeg Choi)。恩曲他滨英文是 Emtricitabine，Em 就是代表 Emroy 大学。埃默里大学在美国大学排名前 20 位，位于美国佐治亚州的亚特兰大大学建于 1836 年，是一所历史悠久、卓有成就的综合性私立名校。其学校董事之一是总部在同一个城市的著名的可口可乐公司。2013 年该校的研究经费高达 5.3 亿美元。十二届全国政协副主席、九三学社中央主席、中国科学技术协会主席韩启德教授曾于 1985 年至 1987 年在埃默里大学医学院药理系进修。学校的技术转移中心办公室专门负责学校专利申报及授权工作。

史奈兹教授是一名硕果累累的科学家，尤其在艾滋病治疗药物领域享有盛誉。他所领导的研究团队先后独立或与人合作开发了 Stavudine、Lamivudine、Emtriva、Telbivudine、Racivir、Amdoxovir 等，这些药都已被 FDA 批准，包括复方制剂在内，共有 10 个 NDA 申报。根据埃默里大学提供的信息，至少超过 90％的艾滋病毒感染者所用的药物是来自史奈兹教授实验室所开发的药物。史奈兹在其近 40 年的学术研究生涯中，先后发表 480 篇论文和 7 本专著，并于 2013 年 1 月成为美国发明家学院院士。

史奈兹虽然身处高校，但是并没有打算将自己困在象牙塔内，他积极创办制药公司来实现自己更远大的抱负。于是，除了在科研界赫赫有名之外，史奈兹同时也在将自己的研究成果进行商业转化的过程中摇身一变成了医药行业的一名科技富翁。

1995 年，雷蒙德·史奈兹教授创办了美国三角制药公司，1996 年三角制药公司(Triangle Pharmaceutical)从埃默里大学获得恩曲他滨专利的全球开发权。2003 年，美国吉利德制药公司(Gilead Science)收购了三角制药公司，同时，包括三角制药和埃默里大学签署的恩曲他滨开发合约。按照合约，吉利德制药公司需要按照一定的比例和销售额里程碑，支付恩曲他滨的销售收入给埃默里大学。2003 年和 2004 年，吉利德公司分别支付埃默里大学 70 万美元和 920 万美元的销售提成。按照埃默里大学知识产权政策条款，出售恩曲他滨权益的 5.40 亿收益的 60％由学校、系以及发明人的实验室获得；发明人获得 40％即 2.16 亿美元的收益。根据吉利德公司 2013 年年终报告，恩曲他滨单方制剂销售额为 2700 万美元，恩曲他滨复方制剂销售额达到 67.7 亿美元，远远超过当年吉利德支付给埃默里大学的 5.4 亿美元。

2012 年 1 月，吉利德制药公司以 110 亿美元收购了由雷蒙德·史奈兹教授和丹尼斯·里欧塔教授于 1998 年共同创办的 Pharmasset 公司。2013 年 12 月，吉利德公司收购 Pharmasset 研发的 Sovaldi(索非布韦片，Sofosbuvir Tablet)获得美国食品药品监督局(FDA)批准。索非布韦是一种丙型肝炎病毒(HCV)核苷酸类似物 NS5B 聚合酶抑制剂，适应症为慢性丙型肝炎(CHC)感染的治疗。该产品为口服制剂，是 HCV 感染治疗方案中已被证实安全有效的第一个无需与干扰素共同给药的药品。索非布韦定价为 1000 美元/片，单个疗程费用 84000 美元。根据吉利德制药公司 2014 年的中期报告，索非布韦销售额为 57 亿美元，上市仅仅半年就超过 50 亿，这在制药行业真是奇迹，估计 2014 年销售额即可超过百亿美元，成为史上最快达到销售过百亿的药品。其 2011 年投资的 110 亿将在短短的 2 年时间内收回成本，不可思议。

埃默里大学的雷蒙德·史奈兹教授无疑又是此次收购的最大赢家，其个人所拥有 Pharmasset 公司 4%股权为其获得 4.4 亿美元的收入，正如雷蒙德·史奈兹教授所信奉的人生哲学：开发好的新药，既可拯救生命，又可发家致富。

9.2　Google 与斯坦福大学的"Google 核心技术 Page Rank 转移"案例

9.2.1　硅谷与斯坦福大学

硅谷(Silicon Valley)位于加利福尼亚州圣克拉拉县(旧金山南)，是由帕洛阿尔托至圣何塞、长 40 公里、宽 16 公里、由西北伸向东南的狭长谷地。这里集中了全美国 96%的半导体公司，生产电子计算机芯片的基本材料——硅，因而被称为"硅谷"。这里环境优美，气候宜人，为典型地中海式气候。20 世纪 50 年代初期，"硅谷"只不过是一个盛产水果的小村庄，甚至到了 60 年代，那里的杏树和果园仍到处可见，果园收入仍然多于电子公司创造的收入，而如今已经闻名全球，被公认为电子工业的心脏、"信息社会"的典型、新技术的发展中心。目前硅谷集中了近万家高科技公司，其中不乏位列全球 500 强的大型跨国公司，包括 Adobe、AMD、Apple、Cisco、eBay、Google、HP、Intel、NVIDIA、Oracle、Sun 等。

美国硅谷逐渐形成了以高新技术产业和相关服务业为支撑的产业群，以技术多元化为特点，那里的产业已不仅仅限于电子领域。依托高科技背景，生物医学产业，包括生物制药、医疗设备和生命科学的研发也出现在了美国硅谷地带，逐渐形成了美国五大生物技术产业区之一的旧金山生物技术湾。硅谷聚集了大批计算机人才，这些信息技术人才为旧金山湾生物技术企业群落大量的生物信息提供了统计技术资源。旧金山湾充足的风险投资则是它发展生物产业的另一个得天独厚的优势，硅谷许多大信息技术公司把利润的一部分投资于生物技术产业，这对湾区的生物技术产业注入了血液。此外，风险投资家在帮助推动高新技术产业在硅谷繁荣发展的同时同样也促进了旧金山湾区生物技术的发展。旧金山湾区目前拥有世界上最集中的生物技术公司，达 600 多家。

硅谷和旧金山湾的发展在很大程度上归功于旧金山地区有大量研究机构和大学。这里拥有包括世界著名的斯坦福大学、加州大学伯克利分校、加州大学旧金山分校、圣克拉拉大学和圣何塞大学在内的 8 所大学、9 所专科学院和 33 所技工学校。它们以全新的理念和方式为硅谷和旧金山生物技术湾提供各种智力服务，引领着高新技术产业的发展。

身处硅谷和旧金山生物技术湾的斯坦福大学(Stanford University)是美国的一所私立大学，其在 2014 年 US News 最新美国大学综合排名第 5 名，2013 年 QS 世界大学排名第一。由于此地理位置，斯坦福技术转移工作的飞速发展和硅谷、旧金山生物技术湾的发展是不可分割的。如果说哈佛与耶鲁代表着传统的人文精神，那么斯坦福则是科技精神的象征——它与高科技、与商界、更与实用主义和开拓精神这些典型的美国精神有着密切的联系。

20 世纪 50 年代，斯坦福大学还很少涉足知识产权相关事务。技术转移工作都采用第三方模式，教师将发明申报给项目资助办公室，再由办公室转交给相应的联邦机构，有限的技术授权工作都被委托给研究公司代理，

15 年里只获得了 4500 美元的收益。1968 年，瑞莫斯(Niels Reimers)加入了斯坦福大学项目资助办公室，他意识到其实学校有很多发明都具有极大的商业价值，如果学校亲自去帮助这些发明取得专利并且开展专利的技术授权来实现发明的商业价值，学校将会得到可观的收入，于是他就向学校管理当局申请进行为期一年的技术授权许可试点工作，结果试点当年就创收 5.5 万美元。看到成果可喜，斯坦福大学于 1970 年 1 月 1 日正式成立技术许可办公室(Office of Techonology Licensing，OTL)，瑞莫斯担任主任，另外还有一名员工。1974 年，斯坦福大学教授科恩与他人合作发明了"基因切割"(Gene-splicing)的生物技术，瑞莫斯看到了其中的商业潜力，就说服科学家允许他申请专利，虽然困难重重，但是在瑞莫斯的坚持下，终于在 1981 年成功申请了发明专利，并以非独占性许可方式(non-exclusive license)将此专利授予了 73 家企业，开启了旧金山湾的生物技术产业。

斯坦福和硅谷的合作可以追溯到 1951 年被誉为"硅谷之父"的弗里德里克·特曼教授的创举。特曼教授是斯坦福大学教授、工程学院院长，还担任过副校长。在他的倡导下，斯坦福大学划出一大片土地建成了斯坦福工业园，将地产以租让的形式提供给新企业建厂，这也就是硅谷的早期形态，也是美国历史上第一个由高校创办的高新技术工业园区。随着园区的发展，越来越多的企业落户此地，每年给斯坦福大学带来丰厚的租金收入，从而为大学的科研提供了充足的经费。工业园区的初步成功为日后硅谷的高速发展打下了坚实的基础。斯坦福大学为硅谷输送了大量的高质量人才，同时也通过大学实验研究室向企业进行技术转移，不断实现科研成果的商业化，使硅谷形成了教学—科研—生产一体化的高技术产业区。另外，斯坦福大学也鼓励本校师生在园区内创业，园区内的风险投资基金也为师生的创业提供资金支持，比如著名的惠普公司就是由斯坦福的两位学生 Hewlett 和 Packard，在他们的导师特曼教授 538 美元的资助下，于 1939 年在车库里创办起来的；1984 年 12 月，思科公司(Cisco Systems，Inc.)成立，创始人是斯坦福大学的一对教师夫妇——计算机系的计算机中心主任莱昂纳德·波萨克(Leonard Bosack)和商学院的计算机中心主任桑蒂·勒纳 (Sandy Lerner)。在硅谷，像这样的创业故事数不胜数。硅谷的收入有超过一半是由萌芽于斯坦福的公司创造的。因此，斯坦福大学堪称大学支持当地工业园发展、大学与产业界进行积极有效合作的楷模。

9.2.2 Page Rank 技术转移

这里非常值得一提的就是 Google(谷歌)公司与斯坦福一脉相承的关系。Google 公司是一家美国的跨国科技企业，致力于互联网搜索、云计算、广告技术等领域的研究与开发，开发并提供大量基于互联网的产品与服务。Google 由当时在斯坦福大学攻读理工博士的拉里·佩奇和谢尔盖·布林共同创建，因此两人也被称为"Google Guys"。1998 年 9 月 4 日，Google 以私营公司的形式创立，设计并管理一个互联网搜索引擎"Google 搜索"；Google 网站则于 1999 年下半年启用。Google 的使命是整合全球信息，使人人皆可访问并从中受益。它是第一个被公认为全球最大的搜索引擎，在全球范围内拥有无数的用户。Google 已经不单单是一个企业，而是互联网的一面旗帜，一个符号。 Google 搜索引擎诞生于拉里·佩奇和谢尔盖·布林在斯坦福大学读书时所做的一个研究项目。更确切地说，是他们在佩奇简陋的宿舍进行的研究给世人带来了此项意义重大的发明。据说两人刚认识时关系并不是那么融洽，而现在已经是非常默契的朋友了。1995 年夏天，斯坦福大学计算机科学系的二年级研究生谢尔盖·布林(Sergey Brin)在带新生游览校园时，认识了刚被斯坦福录取的拉里·佩奇(Larry Page)，他们都很有主见，意见分歧时总是争得面红耳赤、互不相让，但最终两人在研发互联网最大挑战"搜索引擎"时找到了共同点。同年秋天，在斯坦福数字图书馆项目中，凭借佩奇在网络和电机工程上的专长以及布林在数据采集和数学上的特长，两人创建了可以按照网页的链接数量和链接重要程度对网页进行逆向搜索的"Back Rub"引擎。之后，这种算法以佩奇的名字命名为"Page Rank"。Google 使用 Page Rank 技术检查整个网络链接结构，并确定哪些网页重要性最高。然后进行超文本匹配分析，以确定哪些网页与正在执行的特定搜索相关。在综合考虑整体重要性以及与特定查询的相关性之后，Google 可以将最相关、最可靠的搜索结果放在首位。Google 搜索技术所依托的软件可以同时进行一系列的运算，且只需片刻即可完成所有运算。相比传统的搜索引擎在很大程度上取决于文字在网页上出现的频率，Page Rank 通过对由超过 50000 万个变量和 20 亿个词汇组成的方程进行计算，能够对网页的重要性做出客观的评价。Page Rank 并不计算直接链接的数量，而是将从网页 A 指向网页 B 的链接解释为由网页 A 对网页 B 所投的一票。这样 Page Rank 会根据网页 B 所收到的投票数量来评估该页的重要性。

1996 年初，佩奇将该搜索引擎放在了自己在校园网的主页上进行测试，他惊奇地发现其搜索效果远远超过当时流行的只对文本文字进行搜索的搜索引擎 AltaVista 和 Excite，很快就吸引了众多的搜索者。很快，两人就向 OTL 公布了"Page Rank"技术。OTL 负责管理斯坦福的知识产权资产，主要包括统一为学校内的各项科研成果申请专利并把这些专利授权许可给工业界。OTL 在收到学校教职员工和学生的发明披露之后，会对发明的商业潜力进行评估，并在适当的时候许可给市场上的企业或者支持学校教职员工和学生成立创业公司，实现发明的商业化。为了保障企业和高校师生在技术转让过程中的权益，OTL 对技术转移过程中的每个环节都制定了详细的规范。同时为了最大限度地促成企业和高校师生的合作，OTL 更是会在企业和高校师生之间进行多次的谈判和协商。当授权发明取得成功时，OTL 会把所得的使用费返还给发明者以及发明者所在院系，以支持更多的发明创新。收到"Page Rank"的技术披露后，OTL 就开始按流程操作，评估该技术的商业价值，并且很快联系了硅谷的几家互联网公司来确定产业界对此技术的需求，包括 Yahoo!、Excite、Infoseek。当时，许多公司都表示出了对此技术的兴趣，而且不止一家和 OTL 就此技术进行了谈判，但是最终，OTL 没有认可其中的任何一家公司。在一次采访中，OTL 主管究其原因说道："因为这些公司没有一家真正看清 Google 的潜力，而且没有一家是真正想要它的。"这样 PageRank 就被搁置了。到 1997 年 9 月，佩奇和布林注册了 Google.com 域名并使用至今。Google 的出现源自于"googol"这个数学单位的错误拼写。googol 的意思是 1 后面跟 100 个 0，两位创始人想用这个数字来代表互联网的海量数据。经过两年的时间，Google 技术更加完善了，使用此引擎的用户也飞速增长，OTL、佩奇和布林意识到了 Google 的巨大商机，于是他们决定自己创业。在朋友、家人以及老师的帮助下，两人筹得 100 万美元投资创业，1998 年 9 月 7 日，Google 公司在朋友租给他们的车库里成立，他们雇用了第一名员工克雷格·希尔弗斯坦。自此，Google 从宿舍和车库起步，开始了传奇性的飞速成长。其间，OTL 不断向 Google 提供技术顾问并帮助联络风险投资。2001 年 9 月，Page Rank 被授予美国专利，专利被正式颁发给斯坦福大学，佩奇作为发明人列于文件中。Google 公司成立后，斯坦福大学技术授权办公室同意将 Page Rank 专利许可给佩奇和布林，并在 2003 年将 Google 对 Page Rank 的独家使用权延长到 2011 年。 2004 年 8 月，Google 在纳斯达克挂牌上市，在 2014 年 4 月，市值创下历史新高，首次超过 1500 亿美元。"Page Rank"专利经过 OTL 孵化后，已经成长为市值千亿美元的 Google。在起初斯坦福将技术授权许可给 Google 公司时，由于佩奇和布林没有任何现金，斯坦福大学决定持有 Google 公司一小部分股份来作为条件。2003 年，在斯坦福延长 Google 的独家使用权时，作为回报，Google 向斯坦福支付一定数量 A 股和 B 股股票。到 2013 年 2 月，据相关人士透露，斯坦福出售 Google 股票的总收入已达到 3.36 亿美元。此外，Google 每年还要向斯坦福缴纳特许权使用费。据斯坦福技术授权办公室(Office of Technology Licensing)2002—2003 财年年度报告，斯坦福在 2003 年获得了 4320 万美元的特许权使用费收入，这其中有一部分来自于 Google。该报告称，技术授权办公室从特许权收入中拿出 15%用于办公室的日常行政开销，剩余部分在投资者、学校各系和各学院之间分配。据技术授权办公室和 Industrial Contracts Office 的主管卡萨瑞恩·库(Katharine Ku)称，所获得的 Google 股权中，有 1/3 分给了投资者，剩余 2/3 分给了学校的一个研究和奖学基金。由此我们看到，无论是技术授权者斯坦福大学还是被许可者 Google 公司，都在 Page Rank 的商业化中获益多多，并且促进互联网技术的发展，服务于大众，这也就是技术转移工作的最终目的。

第十章 美国大学技术转移经理人协会介绍

10.1 历史和现状

为了更有效地促进由美国政府资助的大学发明创造的商业化进程来服务社会，1974 年，大学专利经理人协会(Society of University Patent Administrators，简称 SUPA)成立，在最初的几年时间里其规模还很小，只有 50 几个会员，但是由于创造了成功的运作模式，已成为人们关注的焦点，通过会议、课程和出版物，SUPA 集中力量对美国的大学技术进行有效的保护和许可。1980 年通过的《拜杜法案》促使美国大学技术转移量快速增长，SUPA 逐渐意识到其成员的角色和责任大大超出了"专利管理"的范畴，于是在 1989 年更名为大学技术经理人协会(Association of University Technology Managers，简称 AUTM)，自此，AUTM 诞生了。

AUTM 的会员人数每年递增，现有会员已经超过了 3500 名，成员已经不限于北美地区，他们来自于全球 350 多家大学、科研机构、教学医院和政府部门，以及数百家涉及科技管理和转让的公司，形成了规模庞大的技术转移"企业—政府—高校"结合信息网络。

10.2 目标使命和核心价值观

AUTM 是推动知识产权管理与技术转移的国际化组织，一直致力于促进大学和企业、政府之间的技术转移，堪称全球范围内推动研究发明事业来造福社会的先驱者。肩负着这样的使命，协会为自己制定了具体目标并且形成了自己的价值观。如今，AUTM 已经超越了"专利管理"这个单一目的，它的主要目标扩展为：

(1) 引导科研人员与产业界更紧密地联系；

(2) 成为高校技术转移界的可靠信息来源；

(3) 促进公益性研究成果的商业化；

(4) 奖励、服务会员及发展新会员；

(5) 积极为全球技术转移工作创造良好氛围；

(6) 创收和促进经济增长。

AUTM 的核心价值观是：

(1) AUTM 会员的创造性工作有利于公众；

(2) 专业发展是 AUTM 会员在迅速变化的专业领域中保持领先地位的必要条件；

(3) 团队意识使 AUTM 会员紧密联系并加强会员之间的信息和知识共享；

(4) 专业精神和道德行为是会员自我管理的准则和 AUTM 组织的特点。

10.3 会 员 加 盟

协会实施会员制。可以在 AUTM 网站在线申请，也可以通过邮寄申请表格附带所需费用申请。申请表格也可以通过传真发送到 AUTM 总部。根据自身条件和需求，有三种会员身份可供选择：普通会员、学生会员、电子会员。会员身份是基于日历年的，从 1 月 1 日持续至 12 月 31 日。可以在全年任何时间加入协会开始享受会员利益，并且在每年的 10 月 1 日前更新会员身份。会费和加入协会时间无关，均按年缴纳，每年 9 月 30 日之后缴纳的会费默认为是下一个日历年的会费。

当前会费规定：

$285.00 (US)　　普通会员

$50.00 (US)　　学生会员

$130.00 (US)　　电子会员

学生会员：申请成为学生会员必须附上身份证明，比如导师的信件。该类会员面向高等院校的全日制学生或研究员或教学医院中参与住院医师培训项目的住院医师，他们的教育经历和机构的知识产权管理要有直接和间接的关系。

电子会员：面向在发展中国家(具体国家见 AUTM 网站)居住或工作的个人。电子会员可以在 AUTM 网站上享有会员专属权利，加入 AUTM 委员会、特别兴趣小组，并参与一些志愿者活动，还能浏览有关即将举办的 AUTM 项目以及行业活动和行动的网站更新信息与相应的普通电子邮件通知。电子会员不享有参加诸如例会、专业发展课程、地区会议或远程培训项目这些活动的折扣。另外，也不能享有 AUTM 所提供服务和产品的会员价(包括但不限于出版物)、招聘服务以及 AUTM 网站市场板块提供的其他服务和产品。

10.4 会 员 利 益

由于知识产权管理工作针对的是市场运作，所以需要管理人员具有雄厚的技术、法律、金融等多方面的实力与经验，而学校里的教授与一般管理人员都难以担当起这一重任，所以美国大学的技术转移机构均需要专业的技术转移经理。技术经理不仅要有科学和技术专长，还要有丰富的企业管理经验和良好的沟通能力，属于典型的高度复合型管理人员。AUTM 的许多成员都具有医学、生物工程、计算机等工科专业博士学位，在此条件上，AUTM 就为他们提供了一个很好的平台来帮助、促进他们的成长，使他们成为更专业、更精英的技术经理人。AUTM 提供教学、培训等活动，并通过网络提供各种信息，开阔了会员的眼界，为会员掌握最佳的实践方法，明确发展趋势，确保创新项目跟上时代步伐打下了坚实的基础，这也是 AUTM 的优势所在。

10.4.1 信息交流平台

AUTM 为会员发展提供丰富的交流和展示平台，为会员进行专业交流、相互学习、共享经验创造机会，从而实现信息共享、资源共享、优势互补，促进会员的专业化发展，共同发掘大学技术转移的最大潜能。

1. SIG

AUTM 会帮助成立一些特别兴趣小组(SIG)，通过这样的小组，在技术转移领域内有共同兴趣的会员们就可以相互合作交流,从而互相促进。这些兴趣小组中有些会在 AUTM 召开例会期间进行面对面的讨论,有些则会通过 AUTM 的群聊方式进行网络讨论。这些小组包括:

植物及植物物种保护法案兴趣小组。这个小组成员的兴趣在于和各物种相关的授权与知识产权管理、PVP 和 UPOV 保护,以及进行该知识产权授权许可时所涉及的方方面面。

小型办公室兴趣小组:该小组成员关注小型技术转移办公室(1~5 名专业人员)的成功经验与方法。

可持续性兴趣小组:该小组成员乐于分享各技术转移办公室的最佳实践方法,来帮助大学制定最为有效的技术、经济和社会政策,从而促使社会朝着自然资源可持续性消耗和再生的方向发展。

管理人员兴趣小组:该小组为资深技术转移办公室管理人员提供机会来讨论如何使自己在技术转移领域取得更好的发展。

2. 发表博客

会员们可以通过在 AUTM 网站上发表博客、阅读其他会员博客、发表评论来相互保持联系,进行沟通。

3. GTP 网站

2012 年 2 月,AUTM 推出全球技术门户网站(Global Technology Portal,简称 GTP),为大学和企业之间的合作与许可业务提供了便利。GTP 网站的信息发布功能仅对 AUTM 会员开放,会员可以随时发表可转让技术成果和成功案例;检索功能则向公众开放。门户网站有利于大学和企业根据新兴市场需求加速技术对接,帮助企业更方便找到具备所需研究能力的潜在大学合作伙伴,加快产品开发。AUTM 努力把 GTP 打造成一站式服务平台,提供包括机构、技术、新建公司、成功案例、能力、需求和成员七类信息,通过这个平台可以实现信息共享、技术交易、研发合作、投资和技术授权。网站所用技术可以将每个大学最新的数据导入 GTP 数据库。

4. 信息共享

AUTM 通过网络提供各种信息,并通过该网络可以方便地连接到各大学的技术转移办公室。会员们可以获取技术转移统计数据库(STATT)资料、技术转移年度调查报告、两年一次的薪酬调查报告(用来评估从事技术转移工作人员的薪酬水平)、同行评议杂志和信息简报、会员名录和技术转移实践手册。其中，技术转移年度调查报告是 AUTM 每年针对美国大学和研究机构开展技术许可活动调查后在年会上发表的正式报告，已成为世界范围内技术转移领域衡量转移成效的标准数据，是 AUTM 最有价值的资产；STATT 数据库收录了历年的技术转移调查数据，参与年度调查的会员可以免费使用数据库，其他会员每年需要支付 100 美元来获得数据库的使用权。

另外，AUTM 从 2005 年开始开展 Better World 项目，项目组委员会安排组织技术转移专家收集技术转移案例，编写《美好世界报告》(Better World Report)，展示学术研究和技术转移工作的重要意义，从 2012 年起，公开出版的报告开始采用电子版形式，包括每月的专题报告和 Better World 项目数据库，会员可以得到 PDF 格式的报告并且进行打印，也可以使用项目数据库分享研究成果、交流新创意新发现或者检索信息。

10.4.2 教育培训

AUTM 要求会员熟悉某些技术领域，把握领域内的技术发展趋势，辨别技术的市场前景与价值，具备灵敏的市场嗅觉，了解本领域的公司及他们的技术需求，掌握相关法律知识等。 为了帮助会员获得这些资质，得到更大的发展，AUTM 会提供各种专业发展计划，包括参加 AUTM 年会、区域会议和其他会议，还包括专业发展课程。

每年 2、3 月份，AUTM 邀请会员参加年会，这已成为技术转移界的年度盛事。该年会探讨议题涉及广泛，包括知识产权的实业化、法律、政策、生物科技、信息技术等，AUTM 年会也会新增主题以适应技术转移和经济全球化的发展。会员还能在会员专属教育图书馆中免费下载年会及其相关在线专业发展研讨会的视频和讲义等资料，随时追踪想要学习的信息，会员称之为"无处不在的 AUTM 现场学习中心"。

AUTM 向会员提供种类丰富的在线(实况和自选)或本人参加的专业发展课程，从而使得会员们与技术领域的资深人士建立联系，分享他们的经验和知识。这些课程是为各类技术转移工作者分类设计的，从管理人员到新进人员再到资深专业人员都可以找到适合自己的课程，部分课程摘录如下：

	课 程 名 称		课 程 名 称
1	专利管理人员基础知识	2	从业人员须知
3	技术转移基本原理	4	基本专利
5	许可协议解析	6	许可谈判
7	著作权法	8	出口管制
9	专利质量评价	10	发明与专利价值评估
11	市场营销	12	MTAs 的管理秘诀等

　　具体课程设置可以查询 AUTM 网站。所有的 AUTM 课程都提供技术许可专业人员认证项目(Certified Licensing Professional，CLP)的继续教育学分，同样也可累计为申请注册技术转移专业人员(Registered Technology Transfer Professional，RTTP)时使用(访问 www.attp.info. 获得更多信息)。另外，AUTM 也会开设提供法律继续教育学分(CLE)的课程。如果想要加入这些课程，可以在网上填写申请表格或通过 info@autm.net 或者 +1-847-559-0846 与 AUTM 办公室取得联系。

10.4.3　其他机会

　　AUTM 职业中心会提供大量的技术转移相关工作职位，会员还可以免费上传简历和检索工作，从而为会员提供了大量的就业机会。另外，会员在协会中通过在各个委员会的工作或参加竞选的经历可以为自己获得更多的经验。

10.5　AUTM 与知识产权界的合作

　　2011 年 3 月，AUTM 与世界知识产权组织仲裁和调解中心(WIPO Center)签署谅解备忘录，合作开展以下工作：

(1) 将 AUTM 教育资源翻译成多种语言来满足不同国家会员需求；

(2) 为 AUTM 会员提供 WIPO 资产管理系列手册；

(3) 提供奖学金，帮助来自发展中国家的技术经理接受全面教育和培训。

备忘录的签署对两方来说是双赢的举措，AUTM 可以提高知识产权管理水平，有利于开展技术转移和创新，WIPO 也认为当今的全球市场需要政府、企业、大学和研究机构共同合作，而这次备忘录的签署就是在朝这个目标努力。在该备忘录的基础上，AUTM 与 WIPO 保持合作关系，为世界各地的技术转移办公室提供信息和帮助，解决了不少实际问题。

2012 年 3 月，AUTM 与美国专利商标局合作开展一项专利审查员的培训计划，目的是提高美国专利的实力和质量。AUTM 负责人认为此举可以更好地保护高校的科研成果，从而最终促进技术商业化。通过此计划，AUTM 会员可以联系到高校的相关专家来对专利审查员进行培训，不同领域的专家与科学家在培训中的参与也就提升了此培训的质量。

10.6 AUTM 章程

AUTM 2012 年修订的章程具体内容如下：

技术转移经理人协会章程

第一条 本协会名称。
本协会全称为大学技术经理人协会，为康涅狄格州非营利性团体。
第二条 本团体住所。
本协会总部和注册代理位于康涅狄格州，并且不定期按照理事会的决定在康州及其他州设立办公室。
第三条 本团体宗旨。
本团体宗旨是通过国内和国际教育、培训和交流来促进、支持和加强全球大学技术转移行业发展。
第四条 会员。
普通会员：面向直接或间接从事技术转移工作并且按协会规定缴纳会费的人员。会费按年缴纳。除非另有规定，普通会员享受所有会员权利和特权，包括在所有会员会议上的投票权(亲自投票或通过代理投票)。
学生会员：面向高等院校的全日制学生或研究员或教学医院中参与住

院医师培训项目的住院医师，并且必须按协会要求缴纳会费。会费按年缴纳。学生会员：① 可以参加会员的例会和临时会议；② 可以成为协会各委员会成员并在委员会中有投票权；③ 在会员例会和临时会议中的各项提议中无投票权，在选举理事会成员时也无投票权；④ 不能成为理事会成员；⑤ 不能成为名誉会员。

电子会员：面向发展中国家居住和工作的有资格成为普通会员的个人。电子会员按照理事会起草的方式进行申请并且在线支付会费即可获得会员身份。电子会员可以使用普通会员享有的一切电子资源，但是不能享受各种会员折扣来参加年会、地区会议、专业发展会议、培训课程、公开招聘和市场购买。

名誉会员：已经从全职工作中退休的有 15 年以上会龄并且声誉良好的会员可以要求或被提名为名誉会员。一旦理事会批准，该个人即获得名誉会员身份。名誉会员：① 在所有会员会议中均可参与投票(亲自投票或通过书面投票；② 可成为委员会成员并参与投票；③ 在会员例会和临时会议中的各项提议中以及选举理事会成员时有投票权；④ 可以成为理事会成员；⑤ 无需缴纳会费。

普通会员、学生会员、电子会员和名誉会员统称为会员，在此章程中都按照此处定义使用。Membership，无论大小写都包含各类会员。

退出：会员可以通过向协会提交书面通知来退出协会。所有退出协会的成员均需缴纳协会当前整个财政年的已出账单和未出账单的会费。

会员身份中止：协会会员身份可因故被中止或暂停。违反协会章程或任何制度就会导致会员身份的中止或暂停。中止或暂停要得到理事会的多数投票，并且必须在采取行动前提前至少 15 天按照该成员最新登记地址发送挂号信来告知此指控。该邮件应提供进行此投票的理事会会议的时间和地点，这样该会员就可以按照理事会程序选择本人和律师共同出席还是由律师代表出席。另外，不再具备会员资格或者不按规定缴纳会费和估价的会员其会员身份会被自动终止。在特殊情况下，理事会会推迟此终止。

第五条　会费。

协会会员的初始会费、年会费、估价以及何时缴纳会费都不定期由理事会决定。

第六条 会员会议。

只要参会会员多数投赞成票即可通过提议，投票可以本人投票也可以进行书面投票。只有在理事会多数成员本人出席会议时，才能展开各项业务。

由理事会决定协会年会的时间和地点，可在协会所在州内或州外。理事会会不定期召集临时会议。例会和临时会议会在会议日期前至少提前30天向会员进行书面通知，可以通过电子手段。通知包括会议将要商讨事项的具体信息。

每次年会都会向会员至少提供财政副主席和会员副主席的报告以及会议的官方记录。

第七条 理事会。

A. 组成/任期。

理事会由9～16名协会会员组成(以下称作理事)。理事会应至少有2/3成员受雇于学术、教育、政府、非营利机构或旨在加速高校技术转移工作发展的相关组织，或者国际上的相似组织。理事会会不定期按照会员需求和协会的战略性方向来决定理事会组成。任何理事会组成的变化都会即刻通知给会员，包括对提名或选举过程的修改说明，如果可行的话。理事会至少包括下述人员：主席，上任主席，当选的下任主席，财政副主席。除了主席、下任主席和上任主席，所有理事的任期均为两年，但是任期会错开，这样每年都会有至少 1/3 的职位需要选举。当选的下任主席任期为一年，年满后就成为主席，任期一年，之后就会成为上任主席，任期一年。理事会成员均在年会上任职，在任期内履行职则直到继任者得到提名、获得资格继而任职。

受国家政策监管和各个团体的监督，主席、下任主席、上任主席和其他所有理事的职位只能由受雇于学术、教学、政府、非营利团体，或旨在加速高校技术转移工作的相关组织，或国际上的相似组织的人员来担任。

B. 会议/替代。

理事会在召开年会的同一个地方，在年会之前、之中或之后召开会议。理事会其他会议的召开由理事会决定时间地点，总部州内、外均可，也可在主席的召集下召开，抑或在理事会多数成员向财政副主席提出书面请求时召开。这些会议的通知都应在会议召开前至少提前 5 天发出，可以利用电子手段。理事会决定邀请相关嘉宾和人员来参与理事会议。

理事会的功能和职责：就影响协会活动的所有事件向主席提出建议和咨询；对委员会的活动随时保持关注并进行年度回顾；审查并批准协会重大财政活动，包括年度预算；审查并推荐新的协会项目；提名理事会候选人；审查并建议协会政策和程序的变化；监管协会的商业事务。理事会会按协会政策与委员会合作并对委员会进行监管。理事会内部的报告机制由协会政策说明。

51%的理事会成员本人出席会议即被认为是理事会开展业务的法定人数，但是如果51%的理事缺席会议，这些到会的成员就会采取会议延期，直到有法定人数参与会议。由法定人数出席的理事会会议上，出席会议的理事的多数投票就构成了理事会行为。

在主席死亡、辞职，或无能力继续履行职则，或受雇于营利团体的情况下，下任主席就会即刻开始履行主席职责，任期包括前主席的剩余任期和常规安排好的主席任期。

在当选下任主席死亡、辞职，或无能力继续履行职责，或受雇于营利团体的情况下，提名委员会就会向理事会推荐，理事会就会提名新的下任主席，由持有选举权的会员进行投票表决。

在上任主席死亡、辞职，或无能力继续履行职责，或受雇于营利团体的情况下，当选的下任主席就会即刻履行上任主席的职责直到自己的主席任期开始。

在任一理事会成员死亡、辞职，或无能力继续履行职责，或在职位临时空缺时，理事会有权任命临时继任者来暂时代替该理事或直到下次选举时空缺补上，无论这个职位空缺产生于两年任期的第一年还是第二年。

在所有有投票权的理事签署书面同意书同意采取行动的情况下，所有本应在理事会会议上采取的行动可以不通过会议就被采取。

理事会允许任意或全部理事通过各种通信手段参与或主持例会或临时会议，通过这种手段所有理事可以在会上同步听到其他人的声音。用这种方式与会的理事被认为是亲自出席了会议。

C. 执行委员会。

执行委员会由至少主席、下任主席，上任主席和财政副主席组成。主席可以任命其他理事临时加入执行委员会。理事在认为有紧急严肃事件需要做出及时决定采取及时行动时，可以代表理事会召集执行委员会会议，从而维护协会的利益。这样的决定和行动需要执行委员会所有成员的一致同意。此外，主席可以在理事会会议间隙召集执行委员会会议来讨论日常业务。执行委员会的所有行动均需在 30 天内上报给理事会。

在任一执行委员会成员死亡、辞职、无能力继续履行职责的情况下，主席或履行主席职责的理事会成员会任命另外一名理事来履行执行委员会相关职责。

D. 理事会成员和理事会的职责。

每个理事会职位的具体职位描述由理事会不定期制定并告知会员，并且在理事会结构发生变化时也要进行告知。这些职位描述包含该特定职位的职责细节。然而，下述职位上的人员至少要完成以下所述职责。

主席：主席是最高管理人员，代表着整个协会。主席主持协会的所有会议。在理事会的指示下并且经理事会批准，主席有权代表协会制定协议。主席有权组织临时委员会并任命委员会成员，并且履行主席职位要求的职责或理事会委托给理事的职责。主席依职权是所有常务委员会和临时委员会的成员。

当选的下任主席：下任主席在在职主席任期结束后成为主席。下任主席在在职主席缺席或无能力履行职责时要履行主席职责。

上任主席：上任主席要主持提名和授奖委员会。

财政副主席：财政副主席负责监管会费的收取、协会的收入和协会其他的资产以及理事会批准预算内的支出，包括但不限于保证账目及时更新并且准确详细。财政副主席负责在下一个财政年开始之前做出第二年的年预算，由理事会审查和批准，并且按照要求行使秘书的职责。在财政副主席缺席或无能力履行职责时，主席会代替其行使职责。

由理事会决定，但不得少于两年一次，协会的账簿由协会出资，由独立审计师审查，理事会保留。审计结果在审计结束后会立即分发给理事会成员并在下次协会业务会议上以总结的形式提供给会员。

理事会确保进行并保存协会会议记录和理事会会议记录，并且保证理事会每位成员都能够在会后 30 天内拿到所有会议记录。根据 Connecticut

Nonstock Corporation Act 要求，所有会员在适当的时间只要有正当目的都可以去检查这些会议记录。理事会也负责保管会议记录和章程。理事会还负责保留和更新章程。

第八条　常务委员会。

协会的常务委员会有：审计委员会，执行委员会，提名和授奖委员会，财政委员会；其他一些常务委员会也由理事会指派组织而成立。除本章程中另有注明，理事会任命所有常务委员会主任并批准委员会成员的任命。除本章程中或协会政策另有注明，任何委员会都不能行使理事会的权利，但是可以向理事会作出建议来获得批准。

法定人数和行动方式。除非在理事会成立委员会时另有说明，整个委员会的多数构成法定人数。由主任召集的有法定人数出席并投票的会议上多数人的行为被认定为委员会行为。

每个委员会主任都向协会程序中规定的不同的理事会成员进行汇报。委员会职责在协会政策中说明。

常务委员会允许任意或全部成员通过各种通信手段参与或主持例会或临时会议，通过这种手段，所有成员可以在会上同步听到其他人的声音。用这种方式与会的成员被认为是亲自出席了会议。

审计委员会：该委员会规划并执行协会财政信息的内部和外部审计。委员会向理事会汇报所有审计结果。

执行委员会：见第七条 C。

提名和授奖委员会：该委员会由上任主席担任主任，向理事会推荐候选人提名参加理事会职位的选举。委员会征集协会和理事会成员的建议。该委员会为下次选举就理事会中每个空缺职位推荐两名有资格的、有意向的、忠诚的人选，见第九条。理事会服从多数投票选出一位候选人来接受协会会员的投票。委员会也向理事会建议协会授奖、授予荣誉或评价的类型以及相应的标准，建议获奖人员选拔过程及相应授奖程序。

财政委员会：该委员会帮助理事会就协会的财政政策和策略展开工作，包括审查年度业务预算。委员会审查并建议协会的年度预算来获得理事会批准，包括该年预算的所有重大变化；向执行委员会、理事会和管理层就协会的资金流动、资金管理和营运资金提供指导；审查协会的年度纳税申报单；向理事会就投资政策、备用款项、资助、海外投资指导方针进行建议，并酌情建议改变投资策略；就其他由执行委员会、理事会委托的或是其他人员提交的财政事项提出适当建议；向执行委员会和理事会就财政委员会活动进行汇报。财政委员会由财政副主席担任主任，由5~7人组成，其中包括财政副主席和当选下任主席。

其他委员会的职责和报告机制见协会程序规定。

第九条　提名和选举。

提名和授奖委员会安排选举并列出理事会批准的理事会空缺职位候选人，在投票结束前提前至少30天公布给会员。这名候选人和其他由投票会员提议的候选人会一起参与选举，投票人可通过邮件或电子手段进行本人投票。在没有多于两名候选人竞选同一职位时，获得多数票选的候选人被认为胜出。当有超过两名候选人参与竞选时，获得相对多数票的人获胜。

第十条　成员关系和保障。

代表协会执行公务的官员、委员会成员和任何个人，在任何目的下，根据任何章程规定，任何协会条例，任何理事会决定或任何随后的协会活动，或他们为了实现协会目标而进行的任何活动，都不能被认为是合作关系或代理关系。协会保障协会所有官员、协会常务委员会所有成员、由理事会授权代表协会开展业务的人员以及所有按要求为协会服务的雇员的权益，让他们在代表协会依法执行理事会决定及履行职责时免于承担所进行活动产生的费用、索赔、损失及债务。

第十一条　其他规定。

财政年：协会的财政年由理事会制定。

收入：净收入不得用于提供给或分配给理事、官员及其他私人和个人。然而该团体被授权并有权力支付产生的服务并对为促成其目标进行支付和分配。

委托与外界代理：官员和/或理事会成员的职责可以委托给被雇来代表该协会的外界代理。这种委托必须得到理事会的批准，该代理对理事会负责。

解散：在协会解散的情况下，理事会在支付了所有协会债务或为支付做好安排之后，要将协会的剩余资产分配给在当时根据1986国税法Section 501(c)(3)或作为修订的Section 501(c)(6)有资格被豁免的一个或多个组织(或是根据未来美国国税法规中的相应规定)，但该组织的目的宗旨必须和协会的目的宗旨相类似。

合同：除了由本章程授权的相关官员，理事会可以授权协会任一官员或若干官员，任一代理或若干代理来代表协会制定合同或执行和发送法律文件，这样的授权可以是概括的，也可以是具体的。

支票、汇票等：所有的支票、汇票或其他付款方式，或其他以协会名义出具的债务凭证，由理事会不定期指明的一个或若干个官员，一个或多个协会代理，并以理事会不定期决定的方式来签署。如果协会没有做出这样的决定，这些法律文件就由财政副主席和主席或下任主席共同签署。

第十二条　电子通信手段。

除非法律禁止，按照此章程采取的任何行动或发送的任何通知，都可以通过电子邮件和其他电子媒介来实现。

第十三条　章程修订。

只有在会员例会或临时会议上得到会员的多数投票，投票可以亲自投票或通过书面投票，或得到反馈邮件或电子选票中的多数选票，才能修订或废除章程，前提是这些修订首先获得理事会的批准。

10.7 协会政策

协会制定了若干政策来保证协会的正常运转，包括 AUTM 主管网络群组政策方针、2013 提名和选举政策、AUTM 商标政策、合作教育计划政策、AUTM 网络使用条款/隐私政策等。

10.7.1 合作教育计划政策

该政策规范了各机构组织和 AUTM 合作开展教育项目时的有关事项，其具体内容如下：

> ➤ 书面请求寄送至 AUTM 总部
> ➤ 基本标准：

一切合作关系必须和协会的战略计划、使命、展望和目标保持一致，能服务于会员并有经济前景；在某一地区开展了某一主题 AUTM 教育项目后的 60 天内，AUTM 不会在同一地区参与任何相似主题的活动，但是合作机构列表中的组织不受此限制。

> **考察和决议过程：**

AUTM 领导人和/或会员接到请求后将申请转交给总部，以便总部进行记录并根据既定标准进行初步评估。书面请求必须附有提议项目具体信息(口头请求不予考虑)。

评估标准：给 AUTM 带来的收入；符合 AUTM 宗旨；给 AUTM 会员提供的机遇；申请性质(担保/联合/直接供给)；对 AUTM 名声的潜在影响；AUTM 领导人机会成本；提供帮助的难度(比如说需要翻译)；当地支持和专业技能可利用性；当地技术转移发展程度；提出请求组织的名声和理念；语言适应程度。

各类型请求的评估部门和流程(详见 AUTM 网站)。

合作组织(详见 AUTM 网站)：在决定批准还是拒绝之后，总部就会将此结果及做出决定的依据通知给 AUTM 联络人。最终决定会被总部记录，被公布在 AUTM 理事会内部网上，标准化的 AUTM 答复会提供给最初联络人。若请求被批准，被提名的进行此合作的 AUTM 负责人就成为和请求者联系的主要联络人。该负责人有责任向专业发展副主席进行汇报。

> **遵守制度：**

如果不遵守下述 AUTM 政策，协议中有关 AUTM 方的内容即刻失效，并且会危及到不遵守方和 AUTM 未来的合作可能。此外，不遵守方必须提供恰当补救措施，并且自付开支(补救措施由 AUTM 决定)。可以进行法律诉讼来要求补救措施。

(1) 独立的教育论坛。

AUTM 可以考虑允许符合上述基本标准的独立的教育项目使用协会的名称和标志。以下规定适用：

AUTM 专业发展副主席、执行委员会和/或总部必须审查并批准所有提议。为了对提议及请求合作方做出公平的评价，需要以下信息：

① 活动组织方的描述和简要背景；

② 活动演讲者和论题的日程草案或清单草案；

③ 活动的目标受众和预期参与人数；

④ 组织者召开技术转移会议的频率以及合作关系是否会延续到未来的新项目中;

⑤ 组织者认为 AUTM 需要的其他信息。

在独立论坛上,AUTM 不负责教育部分,但是可以提供论坛组织者可能邀请的 AUTM 专家的联络方式。

在推广材料最终制作之前必须允许 AUTM 工作人员审查并且批准,以确保其符合协会的规范和政策。

AUTM 是客观的、以会员利益为核心的非营利性团体,不会去担保任何具体的公司、产品、服务和会议提供方。因此,在推广材料上,AUTM 可以列为"合作伙伴"、"参与团体",而不能作为"支持团体"、"官方团体"、"主办者"、"共同主办方"、"担保方",或其他有商业担保和批准暗示的描述。

只有 AUTM 主席和下任主席能代表 AUTM 发言。其他做培训讲座的 AUTM 会员不被授权来代表 AUTM 发言,除非他们得到理事会的明确的书面授权。任何作为 AUTM 代表参与独立教育活动的 AUTM 领导人都是不计报酬的。

如果合作关系得到批准,就会有如下约定:

AUTM 提供:

① 在 AUTM 网站上,AUTM 信息简报或其他恰当的 AUTM 出版物上列出此项目。

② 由 AUTM 决定,在一期 AUTM 信息简报上或其他 AUTM 出版物上发表活动组织者递交的项目简要介绍。

③ AUTM 网站提供项目网站链接。

④ 一次性使用 AUTM 名称和标志作为"合作伙伴"或"参与团体"。

⑤ 某些情况下,一次性使用 AUTM 会员邮寄名单(只提供寄件地址而不提供电子邮件地址)。邮寄时间安排必须考虑到 AUTM 项目的推广活动时间,这一点尤为关键。

AUTM 得到:

① 参会人员的邮寄名单,包括电话、传真和电子邮件地址;

② 在会议材料中 100 字的推广介绍以及联络方式;

③ 一整套完整的项目现场材料;

④ 复印和分发多达 100 本项目现场材料的权利；

⑤ 整个教育项目期间设置场地展位用来提供 AUTM 出版物、手册和背景信息；

⑥ 两本免费赠送的会议注册提供给 AUTM 负责人和四本免费赠送的会议注册提供给 AUTM 工作人员来宣传展位；

⑦ 教育项目提供者网站上的链接。

(2) AUTM 课程提供。

按照请求，AUTM 领导人可以在由非营利组织和相关职业团体主办的教育论坛上提供 AUTM 课程。AUTM 专业发展副主席会监管课程设置和实施。以下政策适用：

AUTM 专业发展副主席和/或执行委员会必须审查和批准所有请求。为了对提议及请求合作方做出公平的评价，需要以下信息：

① 活动组织方的描述和简要背景；

② 活动的目标受众和预期参与人数；

③ 组织者就技术转移召开会议的频率以及合作关系会不会延续到未来的新项目中；

④ 组织者认为 AUTM 需要的其他信息。

AUTM 在执行委员会批准的项目志愿支持者的引导下，设置和实施所有教育内容。该 AUTM 支持者和请求者合作修改内容，并且协商课程日期和地点。

请求者承担一切和设置实施 AUTM 课程相关的费用。这些费用包括但不限于教师补偿、旅途、住宿、材料制作和杂费。对于国际旅行，请求者必须提供头等舱或商务舱机票。AUTM 支持者应使用 AUTM 总部预算模型来计算开支。

在特殊情况下，AUTM 会考虑分担开支。需要财政帮助的团体必须提供一份财政状况的书面说明和一份详细的预算来列出各项开支，以及开支分担和收入分配方案。AUTM 保留调整开支和分担方案的权利。

请求者负责所有实施课程的后勤事务，比如，推广、注册、设施安排、报告人和代表食宿安排等。

所有的推广材料要明确指出 AUTM 是唯一的教育资源提供者。

AUTM 会收入一定比例的项目净盈利。AUTM 支持者和请求者会向 AUTM 相关官员建议收入分配方案，该官员会批准或修改该方案。

如果该合作被通过，就会有如下约定：

AUTM 提供：

① 一至两天的教育培训。

② 在一期 AUTM 信息简报中发表由项目组织者提供的 300～400 词的项目介绍。

③ 在 AUTM 网站中提供项目网站的链接。

④ 在所有项目材料中使用 AUTM 名称和标志作为"教育提供者"或"教育团体"。

AUTM 得到：

① 由收入分配协议决定的一定比例的净盈利。

② 参会人员的邮寄名单，包括电话、传真和电子邮件地址。

③ 在所有会议资料中 200 词的介绍，以及联系方式。

④ 整个活动期间的展位来提供 AUTM 出版物、手册和背景信息。

⑤ 教育项目提供者网站中的链接。

(3) 行业活动中 AUTM 材料的提供和展示。

按请求，AUTM 考虑提供关于 AUTM、AUTM 使命和目标，以及相关信息的资料，以供在满足基本标准的行业活动上展示。所有请求必须得到协会主席的批准。下述规定适用：

(1) AUTM 不承担和展示区或现场实际操作相关的开支。

(2) 项目组织者要确保整个项目过程中都提供 AUTM 材料。

(3) 在没有 AUTM 明确书面批准的情况下，项目组织者不可以在任何会议推广材料中、现场材料或其他印刷品或电子通信中使用 AUTM 名称和标志。

(4) 在没有 AUTM 明确书面批准的情况下，项目组织者不得声明或暗示 AUTM 提供的任何支持和担保。

10.7.2 2013 提名和选举政策

该政策内容如下：

(1) 根据 AUTM 章程，提名和授奖委员会是常务委员会。该委员会由上任主席担任主任，理事会推荐候选人提名参加理事会职位的选举。委员会会征集协会和理事会成员的建议。该委员会为下次选举就理事会中每个空缺职位推荐两名有资格的、有意向的、忠诚的人选。理事会会服从多数投票选出一位候选人继而接受协会全部会员的投票。

(2) 任何会员如果满足了某职位要求都可以申请参加竞选与上述内定候选人展开竞争。在内定候选人公布后，会员有 30 天时间提交申请来参与竞选。申请书要包含至少 25 名协会会员的签名。来自于任一 AUTM 会员的支持该申请人的邮件被认为是一个签名。申请者的个人简历以及立场声明连同 25 个签名需一同提交。

(3) 提名和授奖委员会会审查所有申请者的申请并且将所有够资格的申请者加入候选人名单当中。申请者的简历和立场声明会在投票开始前提前至少一周分发至各个会员。

(4) 当竞选中某一职位有超过一名候选者，理事会就会任命选举委员会。选举委员会包含 3 至 5 名 AUTM 会员，其中包括 AUTM 主席作为委员会主任。选举委员会会监督整个选举流程，并就保证实现公平公开的选举做出相应的决定。提名委员会的任何成员包括上任主席均不得进入选举委员会。任何职位的任何候选人都不得加入提名委员会或选举委员会。

(5) 候选人参与竞选时必须遵守以下原则：

① 只有当申请者的简历和立场声明发送到会员手中后，竞选才能开始。

② 所有候选人的行为必须是专业的和尊重他人的。选举委员会会判定候选人是否有不恰当行为。

③ 任何属于 AUTM 的网络群组、邮件群、讨论组、网站和其他任何电子通信工具，都不得为候选人或任何 AUTM 会员使用来竞选某一职位。

④ 候选人可以在 AUTM 网站上发表关于竞选情况的博客。

⑤ 候选人可以按照 AUTM 网站上的实时定价购买会员邮寄标签来分发竞选材料。

⑥ 候选人不得使用 AUTM 标志，或任何它的衍生物来进行竞选。

(6) 投票通过电子手段进行，并且持续至少两周。

(7) 选举投票最终计票和结果会在投票结束后 48 小时内向会员公布。

(8) 根据 AUTM 章程，在没有多于两名候选人竞选同一职位时获得多数票选的候选人被认为胜出。当有超过两名候选人参与竞选时，获得相对多数票的人获胜。

10.7.3 AUTM 主管网络群组政策方针

AUTM 主管网络群组为 AUTM 那些在高校、教学医院、非营利研究团体、政府技术转移项目和联邦实验室担任主管(或同级别职位)的会员提供了网络沟通的机会。

该政策的规定如下：

(1) 只有声誉良好的 AUTM 会员有资格成为该网络群组用户。而且群组用户必须是：高校(包括旨在管理高校知识产权而建立的非营利研究机构)、教学医院、非营利研究机构、政府技术转移项目和联邦实验室的主管或临时主管(或同级别职位)；在职的、即将就任的和历任 AUTM 主席；AUTM 现职理事和即将就任的理事；AUTM 创办会员和 AUTM 名誉会员；由 AUTM 理事会成员授权的个人。

(2) AUTM 保留注销个人的权利，也不会故意接受不符合要求的个人申请。然而，AUTM 也不能保证所有用户都符合资格标准。个人会员所属机构，包括大学体系，全权负责解决有关他们雇员的用户资格的相关异议，在有异议的情况下，在各方达成一致之前，AUTM 不会将群用户除名；如果成员对除名提出上诉，该成员必须书面通知 AUTM 总部，AUTM 的会员副主席会对该会员资格做出最终判断。得到授权的非相关组织主管的用户(即 AUTM 现职理事或即将就任的理事、历任主席、创办会员和名誉会员)只能在群组中获取信息而不得发起或参与对话，也不得张贴材料。尽管 AUTM 主管网络群组被定义为仅供成员使用的局限平台，所有的对话和内容还是被认为是公开的。AUTM 保留监管网络群组张贴内容的权利以及除名任何违反网络群组行为准则成员的权利。

(3) 行为准则。

不得质疑和攻击他人；不得发布商业信息；讨论产品时务必谨慎，张贴在群组中的信息是所有人可见的，各种评论会引起诽谤、造谣并可能触犯反托拉斯法；严禁张贴诽谤性质的、侮辱性质的、亵渎性质的、胁迫性质的、冒犯性质的材料或非法材料，不得发表任何你不期望所有人可见的或不希望他人知道来源的材料；认真了解免责声明和法律规定中的各项，尤其是和发表内容版权相关的内容；谨记 AUTM 和其他参与者有权复印网站的张贴材料；将信息发送到最相关的列表当中，不得滥用同一信息在不同的列表；所有信息应是增强知识体系的，AUTM 有权出于任何理由拒绝任何信息。

(4) 群组规范。

在发布信息时附加姓名、所属机构和处所信息；在标题中明确简洁表述谈论主题；在你的回复中仅需包含原始信息的相关部分，删除标题信息，并且将你的回复置于原始信息之前；只有在你的信息对所有人有用时才可以将信息发至整个列表当中；将类似"谢谢提供该信息"、"我也是"的信息发至个人而非整个列表，通过点击每条信息左边的"回复发送者"即可实现此步；不得发送命令性质信息，如"将我从列表中删除"，可以使用网页界面来改变设置，若想要改变邮箱地址，也是通过改变设置来实现；在标题处或在信息开头标注"长信息"，以提醒其他群组用户。

(5) 法律规定。

网络群组被认为是 AUTM 向协会领导者提供的一项服务。AUTM 对由他人发布在网站上的信息和见解不承担任何责任。AUTM 拒绝承认所有和张贴在此网站上的信息有关的保证，无论信息发布方是 AUTM 或是第三方；此免责声明包括适销性和适用性的所有默认保证。任何情况下，AUTM 对由于使用该网站上所发布信息或和此相关的利润、资料损失造成的任何直接或间接损害都不承担任何责任。不得张贴诽谤性质的、侮辱性质的、亵渎性质的、胁迫性质的、冒犯性质的材料或非法材料。不得张贴受版权保护未授权的任何信息和材料。通过张贴材料，张贴方保证并且表明本人拥有此材料的版权或已获得了授权。此外，张贴方授予 AUTM 和本列表用户非独占性权利和许可来展示、出版、分发、传递、打印和使用该信息和材料。

如果信息促成成员达成某种协议明确地或隐含地引起价格限定、对另一企业进行联合抵制或意图非法限制自由贸易的行为，此信息不得发布。凡是促成就以下内容达成一致的信息都被认定是不恰当的：价格，折扣，销售条件；收入；利润，利润率，或费用数据；市场份额，销售区域，市场；顾客或区域分配；对顾客或供应商的选择，拒绝和终止。

如注意到任何不恰当的张贴信息，AUTM 会采取相应措施。

AUTM 保留权利来终止任何不遵守此方针的用户的使用权。

10.8　AUTM 的贡献

AUTM 成立 30 多年来，一直都在为美国大学的技术转移工作做出贡献，具体体现在以下几个方面：

(1)　AUTM 引领美国乃至全球技术转移风潮，为美国大学的科技成果商业化提供了优质服务，同时促进了美国国家竞争力的提高。

(2)　提出衡量大学和科研机构技术转移成效的量化指标体系。其量化指标包括新成立公司数、专利申请量、生效的许可协议数、许可证收入、产权投资收益、成功进入市场的产品数、研究支出等 30 多个与技术转移相关的变量信息。

(3)　帮助公众了解技术转移。AUTM 在 2005 年推出了"更美好的世界"项目(The Better World Project，简称 BWP)，该项目每年都有一个特定的主题，并且根据此主题从 AUTM 会员单位中精选研究案例和科技新闻，以促进公众了解科学研究和技术转移如何影响我们的生活，如何发展经济以及如何支持和鼓励新的科技突破的产生。

(4)　促进了美国高等教育的发展。大学的使命是教学、科研和服务社会，技术转移就能够促进大学的教学发展。学校不断进行课程设置的调整来适应技术转移的需求，在合作研究项目中，不同研究机构的科研人员在特定的领域内展开合作，产业代表走进校园，走进大学实验室与科研人员展开合作，从而促进了大学高质量人才的培养。

(5)　AUTM 的会员培训服务促进了技术转移专业人才的成长。

总之，AUTM 在美国乃至全球技术转移领域中的贡献是难以估量的，其运行模式与特色值得我们借鉴来建立我们自己的大学技术转移办公室联盟。

参 考 文 献

[1]   AUTM Technology Transfer Practice Manual [M]. 3 版. 美国. AUTM Technology Transfer Practice Manual Task Force Members，2014.

[2]   John P. Walsh，洪伟. 美国大学技术转移体系概述[J].科学学研究，2011，29(5).

[3]   陈恒，李振亚.美国大学技术转移机构运行机制及启示[J].科技管理研究，2009(8).

[4]   胡冬雪，陈强. 促进我国产学研合作的法律对策研究[J]. 中国软科学，2013(2)：154-174.

[5]   胡冬云.   AUTM 对我国高校科技成果转化的启示[J]. 科技进步与对策，2007(1)：152-154.

[6]   胡微微. 美国大学科技经理人协会的运行模式与特色[J]. 科技管理研究，2012(9)：117-120.

[7]   雷朝滋，黄应刚. 中外大学技术转移比较[J]. 研究与发展管理，2003(5)：45-52.

[8]   李平. 美国的知识产权保护制度对我国的启示[J].世界经济与政治论坛，2003(2).

[9]   李晓秋. 美国《拜杜法案》的重思与变革[J]. 知识产权，2009(5)：90-96.

[10]   罗志芳. 美国《专利和商标修正案》政策分析.[J]. 今日科技，2003(8)：28-29.

[11]   柳卸林，何郁冰，胡坤. 中外技术转移模式的比较[M]. 北京：科学出版社.

[12]   南佐民. 《拜杜法案》与美国高校的科技商业化[J]. 比较教育研究，2004(8)：75-78.

[13]   乔恩·桑德林. 美国大学的技术转移[J]. 中国高校科技与产业化，2003(3)：57-60.

[14]   田旻,曹兆敏. 麻省理工学院技术转移成功因素分析[J].科学与科学技术管理，2007(4).

[15]   王谋勇. 美国大学技术许可办公室高效运行的关键因素分析及对我的政策启示[J]. 科技进步与对策，2010(12)：35-40.

[16]   王小勇，宁建荣，张娟. 国内外关于技术转移机构研究综述[J].科技管理研究，2009(1).

[17]   王雁. 美国研究型大学技术转移组织的分类研究[J].现代教育管理，2009(3).

[18]   王宇. 大学技术转移模式浅析[J].科技风，2011，(3).

[19]   王玉林，熊军. 美国大学技术转移的考察及对中国的启示[J]. 科技广场，2004(10)：69-71.

[20]   卫之奇. 美国产业技术创新联盟的实践[J]. 全球科技经济瞭望，2009(2)：9-14.

[21]   武学超. 美国联邦政府提升大学技术转移能力政策的价值分析[J]. 外国教育研究，2012(11)：88-95.

[22]   徐辉. 美国大学技术转移中的困境——《贝多法案》及其启示[J]. 比较教育研究，2008(12)：28-32.

[23]   徐志强. Google 美国：产学创新的专利攻略(N). 21 世纪经济报道，2006-02-07.

[24]   杨红霞. 架构大学与市场的桥梁：美国大学技术转化机构——麻省理工学院的个案研究[J]. 科技管理研究，2008(7)：253-255，268.

[25]   叶京生. 美国知识产权案例与评注[M].上海：上海译文出版社，1998.

[26] 易红郡. 美国高等院校技术转移的成功经验初探[J].比较教育研究，2003，(2).

[27] 于建国. 中美大学技术转移模式比较[J].中国高校科技与产业化，2007，(1-2).

[28] 赵可，魏红. 美国大学专利活动的历史考察[J]. 高等工程教育研究，2011(1)：100-104.

[29] 翟海涛. 美国大学技术转移机构探析及对我国的启示[J]. 电子知识产权，2007(12)：32-36.

[30] 詹淑琳. AUTM：美国大学技术转移服务先驱[J]. 知识产权与信息化，2014(11)：28-32.

[31] 朱星华，郭丽峰. 美国：绑牢大学与企业合作的政府之手(N). 经济参考报，2010-08-26.

[32] http://www.docin.com/p-724872579.html；2014 年 8 月 10 日引自豆丁网.

[33] http://www.doc88.com/p-167163379597.html；2014 年 8 月 10 日引自道客巴巴.

[34] http://www.chinalawedu.com/news/20800/213/2006/6/xi38704242101 226600 28274-0.htm；2014 年 8 月 10 日引自法律教育网《中美知识产权法律制度比较研究》.

[35] http://www.ipr.gov.cn/guojiiprarticle/guojiipr/guobiehj/gbhjbsjj/200603/52469 5_1.html；2014 年 8 月 10 日引自中国保护知识产权网《美国知识产权保护的内容》.

[36] http://www.chinalawedu.com/news/20800/213/2006/6/xi8329142410122660 028496-0.htm；2014 年 8 月 10 日引自法律教育网《美国知识产权保护执法体制》.

[37] http://baike.baidu.com/view/726248.htm?fr=aladdin&qq-pf-to=pcqq. c2c；2014 年 8 月 15 日引自百度百科.

[38] http://www.cutech.edu.cn/cn/cxyhz/zy/webinfo/2007/04/1221210129691782. htm；2014 年 8 月 15 日引自教育部科技发展中心.

[39] http://c.blog.sina.com.cn/profile.php?blogid=8cabc83989000tvc&qq-pf-to= pcqq.c2c；2014 年 8 月 15 日引自中技所 CTEX.

[40] http://www.autm.net/Home.htm; 2014 年 9 月 10 日引自 AUTM 网站.

[41] http://baike.baidu.com/link?url=KQqkf5rO9ZOlpREYLe75hgNE7iR2mQ2IicIiXHUgDyMin UxLhKQcEXbxCfqMqZ-F; 2014 年 9 月 10 日引自百度百科.

[42] http://blog.sina.com.cn/s/blog_561087050100hc0l.html；2014 年 9 月 10 日引自新浪博客《政府主导下产学研合作发展的美国技术转移体系》.

[43] http://sz.focus.cn/news/2011-09-15/1485754.html; 2014 年 9 月 10 日引自搜狐焦点.

[44] http://baike.baidu.com/view/13725.htm?fr=aladdin; 2014 年 9 月 10 日引自百度百科.

[45] http://baike.baidu.com/view/844648.htm?from_id=111004&type=syn&fromt itle=pagerank &fr=aladdin; 2014 年 9 月 10 日引自百度百科.

[46] http://baike.baidu.com/view/9099878.htm?fr=aladdin; 2014 年 9 月 10 日引自百度百科.

[47] http://www.biodiscover.com/news/celebrity/109476.html; 2014 年 9 月 10 日引自生物探索.

[48] http://digi.it.sohu.com/20070606/n250427010.shtml；2014 年 9 月 10 日引自搜狐数码.

图书在版编目(CIP)数据

美国大学技术转移简介 / 卜昕等编著.

—西安:西安电子科技大学出版社,2014.11

ISBN 978–7–5606–3539–2

Ⅰ. ① 美… Ⅱ. ① 卜… Ⅲ. ① 高等学校—技术转移—介绍—美国

Ⅳ. ① G644

中国版本图书馆 CIP 数据核字(2014)第 243332 号

策 划 邵汉平

责任编辑 邵汉平 孟秋黎

出版发行 西安电子科技大学出版社(西安市太白南路 2 号)

电 话 (029)88242885 88201467 邮 编 710071

网 址 www.xduph.com 电子邮箱 xdupfxb001@163.com

经 销 新华书店

印刷单位 陕西天意印务有限责任公司

版 次 2014 年 11 月第 1 版 2014 年 11 月第 1 次印刷

开 本 787 毫米×960 毫米 1/16 印 张 8.5

字 数 122 千字

印 数 1~2000 册

定 价 25.00 元

ISBN 978–7–5606–3539–2 / G

XDUP 3831001–1

如有印装问题可调换